シリーズ「遺跡を学ぶ」038

世界航路へ誘う港市

長崎・平戸

川口洋平

新泉社

世界航路へ誘《いざな》う港市《こうし》
―長崎・平戸―

川口洋平

【目次】

第1章　港市遺跡としての長崎・平戸

1　長崎奉行所正門階段の発見

九州の西北端に位置している長崎県。そのなかで港町として栄えたかつての「長崎」は、東シナ海に突き出た西彼杵《にしそのぎ》半島の付け根に湾入する長崎港に面し、現在の長崎市街の中心部に相当する（図1）。港のまわりを山が取り囲み、盆地のような地形だが、平地は少ない。

この長崎の街を見下ろす立山は、江戸時代にはハタ揚げの名所であった。長崎では凧のことをハタといい、ハタ揚げは正月ではなく春におこなわれた。一説には、ハタは長崎に入港するオランダ船の船旗にちなむという。

現在、立山は桜の名所となっているが、二〇〇二年の四月、その立山の桜を頭上に、ある発掘調査がおこなわれていた。この年に閉館する長崎県立美術博物館の中庭に調査の手を入れ、かつてこの地にあった長崎奉行所の正門階段をさがそうというのである（図2）。

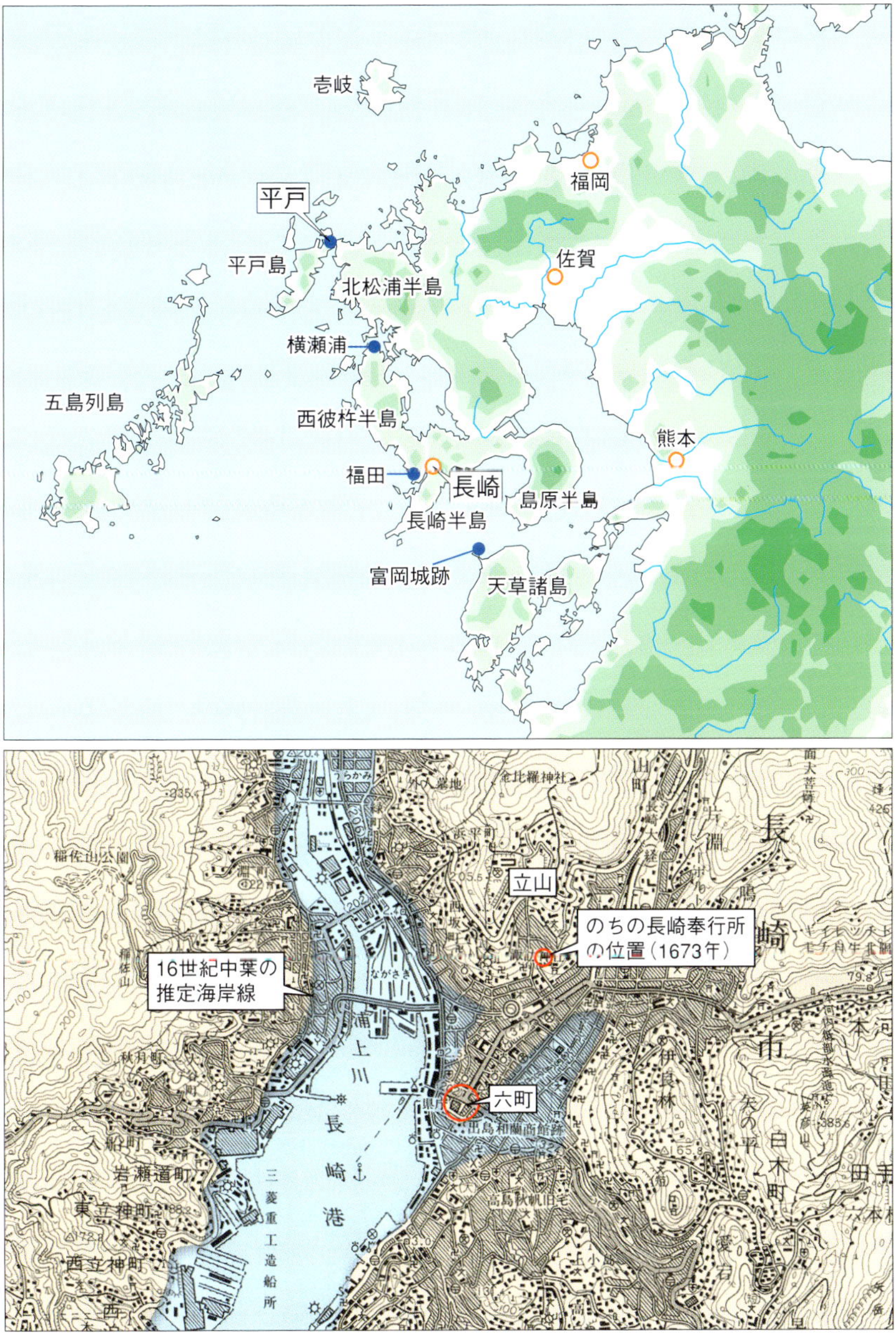

図１ ● 長崎の位置
峠の先端に新たに建てられた六町は、現在に至るまで長崎の中心市街となっている。

江戸時代、立山の麓には天領長崎と西国一円の要として長崎奉行所（立山役所）が置かれていた。長崎奉行所のおもな役目は、長崎の司法・行政、海外貿易の管理やキリシタン対策であったが、江戸後期には、外国使節の引見など外交の舞台としても重要な役割を果たしていた。明治以後は、英語学校、長崎裁判所、長崎県庁などを経て、一九六五年に長崎県立美術博物館が開館したが、たびかさなる改築や土木工事によって、庭園などを除き、かつての長崎奉行所の遺構は、ほとんど失われたと考えられていた。

調査に先立って、江戸時代の絵図面（図2）を美術博物館の敷地に重ねてみると、館の東側にある中庭が、奉行所の正門階段付近に相当することがわかった。遺構が残っているとすれば、鉄筋の建物がない、この中庭がもっとも有望な場所であると推測された。だが、絵図面との比較では階段の正確な位置はわからない。中庭といってもかなり広い。おまけに、隣接する旧知事公舎との境にある塀や各種の記念碑、大きく成長し

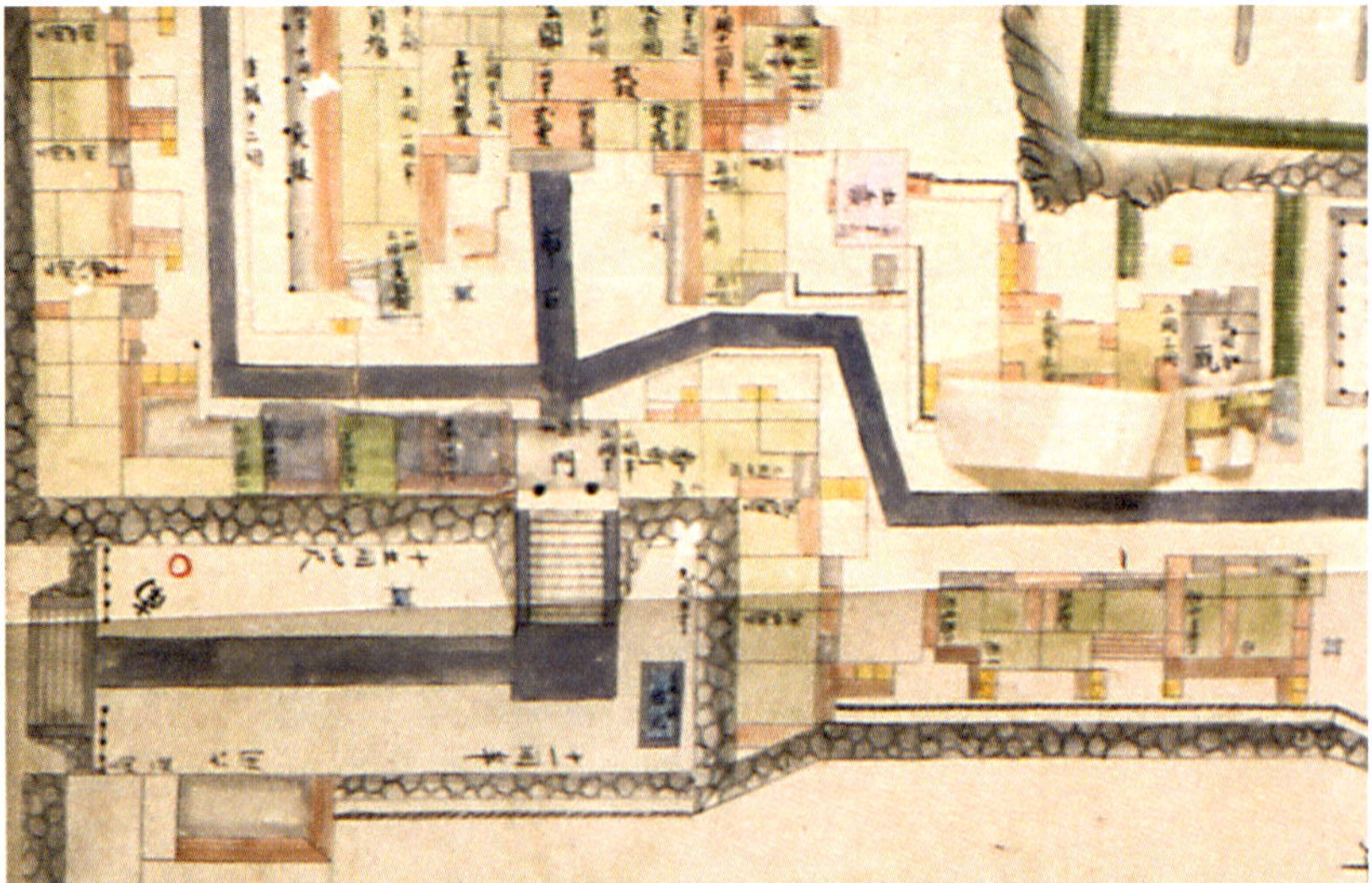

図2 ● 絵図面のなかの長崎奉行所正門階段
調査時点では、正門階段周辺は石垣の段上の高さまで完全に埋め立てられていた。中央に「門」と書かれ、その下に階段がみえる。

たヤシの植樹などがあり、思いどおりに調査することは難しい状況であった。最後は、ある種の「勘」で場所を決め、調査を始めた。

それは調査を開始して二日目のことであった。人力では動かすことができない近代の建物の基礎石などを、重機で取り除いていた時のことである。重機のバケットがあがった土の壁から灰色の角形に加工した石と、その下に赤味がかった混じりのない土がみえた。明らかに周囲の近代の建物基礎とは異なっており、後世の破壊をまぬがれた古い遺構と思われた。すぐに人力に切り替えて遺構の正体をさぐった。それは、まさしく石の階段、それも長崎奉行所の正門階段であった（図4）。

ふたたび地上に姿をあらわした奉行所の階段は、幅七・五メートル、一段あたりの高さ（蹴《け》上《あ》げ）は一八センチで、下から一五段目までが残っていた。また、続く調査で階段の取り付く石垣や階段の最下段から広がる石畳の踊り場もほぼ完全な形でのこっていることが判明した。

図3 ● 立山での発掘調査風景
写真後方の四角い建物が旧長崎県立美術博物館。
その手前に発掘中の正門階段がみえる。

図 4 ● **発見時の正門階段**
地表から数十センチの深さでみつかった階段。絵図にみえる最上部の踊り場と階段数段が失われていた。

図 5 ● **姿をあらわした正門階段**
1805 年（文化 2）に幕府目付遠山景晋らとの会談のため立山役所を訪れたロシア全権大使レザノフもこの階段を上った。彼は日記に「山の上に建っている奉行所の庭につづく石の階段を上っていった。ここでも両側に沿って兵士たちが座っていた」と記している。

このニュースは、地元の長崎でたちまち大きな反響をよんだ。というのも、閉館する長崎県立美術博物館の跡地には、長崎奉行所を復元して新しい博物館を建設することが計画されていたからである。全容をあらわした正門階段の現地説明会には二〇〇〇名を超える見学者が訪れた。県は、階段を現地保存するという決断を下し、当初の設計は変更され、発掘された階段を取り込んで、そのまま使うということになった。二〇〇五年に開館した長崎歴史文化博物館の正門階段は、文字どおり近世長崎への玄関口として現代によみがえったのである。

このほかにも長崎と平戸では、共にオランダ商館の発掘調査がおこなわれ、その成果から建物が復元されるなど、近世の考古学が大きく注目されている。だが、発掘がおこなわれるようになったのは、じつはそれほど前からではない。海外への窓口として膨大な研究成果がある文献史学に対し、考古学はかなり遅れてスタートしたのである。

2　「長崎遺跡群」の提唱

発掘までの道のり

考古学とは、埋もれてしまったかつての生活の痕跡を研究する学問である。ところが、いまからつい二、三〇〇年前である江戸時代について考えると、建物が現存していたり、石橋がそのまま使われていたりするなど、遺跡としてとらえてよいのかどうか、あいまいな一面ももっている。長崎や平戸の町は、どのような歴史の流れの中で土の中に埋もれていったのだろうか。

幕末以降、日本は欧米流の近代国家へ生まれ変わるため、社会構造や産業の近代化を推し進めた。人びとがそれまでなんの疑いもなく続けてきた生活習慣や住居などが、変容を余儀なくされたのは当然のなりゆきであった。長崎の場合、安政の開国で新たな外国人居留地が建設され、日本の伝統的な建物が並ぶ旧市街地に隣接した東山手・南山手に、つぎつぎと洋館が建てられた（図6）。

貿易が主体であった港の性格も大きく変わり、製鉄や造船産業が盛んとなり、埋め立て工事によって出島は姿を消している。明治後期から大正にかけては、貿易の浮沈はあるものの、船舶の補給基地として、江戸時代にもまして数多くの外国人が長崎を訪れた。

昭和に入るとしだいに軍需産業の町としての性格を強め、一九四五年の原子爆弾投下は、多くの人命を奪うだけでなく、戦前は国宝に指定されていた福済寺をはじめとする古い伝統的な建物が焼失するなど、文化的な被害も大きかった。戦後は、日本各地がそうであったように生きるための復興が優先され、さらに高度成長期には都市部への人口流入の結果、住宅が山の上にまで密集して建てられた。

現在の長崎の景観は、以上のような経過をたどって形成されたものである。

一方、現存する近世の建物としては、原爆の被害をまぬがれた国宝の崇福寺《そうふくじ》をはじめとする社寺建築がある。また、中島川には眼鏡《めがね》橋など近世に造られた石橋があり、市街の一部にも近世までさかのぼると推測される石垣や溝などがみられる。逆にいえば、そのほかの生活痕跡は、土中に埋没している可能性が高く、このことが長崎を遺跡として認識すべき点である。ただし、埋没したとしても、その後の近代的な土木工事などにより、痕跡そのものが破壊されてしまう例も多い。さらに、行政的な埋蔵文化財包蔵地（遺跡）として周知され、工事に先立って発掘がおこなわれるのは、本来的な意味での遺跡のごく一部にすぎないのである。

　長崎で、建物が現存しない「遺跡」がはじめて行政的に保護されたのは、一九二二年（大正一一）に国史跡に指定されたオランダ商館（出島和蘭《でじまおらんだ》商館跡）である。しかし、そのほかの旧市街地が遺跡として発掘調査がなされ、報告書が刊行されるようになったのは、一九九〇年代以降のことである。

　平戸の場合も、オランダ商館（平戸和蘭商館跡）が、出島と同じ一九二二年に国史跡の指定を受け、現在に至るまで整備がおこなわれている。しかし、旧市街地は遺跡として周知されておらず、長崎のように部分的にでも発掘調査がおこなわれていないのが現状である。

図６ ● 明治初期の長崎
原爆で焼失した福済寺の裏手からみた長崎市街。矢印付近に東山手・南山手の外国人居留地がみえる。

ただ、幸いなことに、平戸の旧市街は長崎ほどの戦災を受けておらず、近代の開発もゆるやかで、古い建物がまだかなりの割合で残っている。深い基礎を打つ近代的なビルとちがい、こうした建物の下は、潜在的な遺跡であるにちがいない。こうした建物を活かし、残してゆくことがまず大切であるが、やむなく建て替えられる場合には、発掘調査をおこない、町のかつての記憶を取り戻すことが必要であろう。

近世における長崎・平戸の考古学は始まったばかりである。このことは、発掘されることなく破壊された遺跡が多いことを意味することを忘れてはならない。

長崎遺跡群と平戸遺跡群

一九九〇年代に本格化した近世長崎の発掘調査は、ビル建設などにともなっておこなわれた例が多く、「○○ビル建設にともなう○○町遺跡発掘調査」というように虫食い的に実施された。このため、本来は面的に存在する遺跡が全体として認識されず、発掘担当者ごとに異なる時期設定がおこなわれ、各調査で共通する生活面の把握が難しいなどの問題が生じてきた。さらに、現在の長崎の町名は明治以降に変更されたものが多く、これを冠した遺跡名では旧町名・旧町域との整合性を欠いている場合が多い。このような問題点は、調査事例がふえるにしたがって混乱が進むことが予想され、解決策を考える必要があった。

そこで行政上で周知されている遺跡を含む、より広く潜在的な遺跡と考えられる旧町域および拠点的施設を「長崎遺跡群」と総称し、都市遺跡として認識すべきことを提唱している。さらに、発掘調査報告書には、旧町名・現町名・調査者・発行年などを併記することで、発掘された地点が過去・現在における全体のどの部分に相当するのかが、明瞭にわかるような表記法の提案をおこなっている。

たとえば、かつての大村町は、現在の万才町《まんざいまち》に相当し、行政的には万才町遺跡とよばれている。その一角が長崎県によって調査がおこなわれ、一九九五年に報告書が刊行されているが、長崎遺跡群という概念を前提とすれば、大村町（万才町・県一九九五）と簡潔に表記することができる。万才町は、大村町の隣のかつての平戸町も含んでおり、ここでは長崎市が発掘をおこなっている。この場合、平戸町（万才町・市一九九六）というように表記されよう。

本書のような、より多くの読者を対象とした本の場合においても、現在の遺跡名では不便なことが多い。いちいち旧町名を付記しなければならないからである。したがって以下では、報告年などは省略し

図７●現在の長崎
ビルが建ちならび、埋立で狭くなった港。明治初期の写真（図６）とくらべると一目瞭然である。

ても、行政的な遺跡名ではなく旧町名を使用することにしたい。また、共通認識のある長崎奉行所や出島などの拠点的な施設については、そのままの形で表記することにしたい。

市街地の発掘調査がおこなわれていない平戸の場合も、その豊かな歴史性を考えれば、オランダ商館に偏らない「平戸遺跡群」として、将来、総括的な位置づけをおこなうべきであろう。

3　港市貿易の町、長崎・平戸

港市貿易の時代

先に、長崎遺跡群は都市遺跡であると記した。確かに近世の長崎は、多い時には五万の人口を抱え、都市的な側面をもっていたが、その最大の特色は、海外貿易を中心に形成された町であるという点にある。近年、こうした傾向をもつ都市のことを、「港市《こうし》」と呼称することが多くなっている。

港市とは、もともと一五、一六世紀のアジア海域に点在した交易拠点の港とそれに付随する都市のことを指していた。各港市間は、航路のネットワークを形成し、中継をくり返すことで、商品の世界的な動きをもたらした。シンガポール国立大学のアンソニー・リードは、このようなアジアにおける港市貿易の時代を「商業の時代」とよんでいる。

一六世紀後半に開港し、近世を通じて海外貿易の拠点であった長崎もまた、こうした港市のひとつであった。長崎は、一七世紀前半までポルトガル船によってマカオとつながり、その後はオランダ船がバタヴィアとの間を往復した。さらに中国船は、福建・広東のみならず、東南アジアの各地と長崎を結んでいた。

運ばれた商品は、港市間のネットワークによって、さらに遠方の、直接交渉のない国にまで運ばれた。トルコのイスタンブール、南アフリカのケープタウンといった町で、江戸時代に肥前で焼かれた陶磁器が出土しているが、これらは港市長崎から輸出されたものが、中継を重ねて運ばれていったことを示している。平戸もまた、長崎に先行して海外航路と結節し、交易を主体に栄えた港市であった。

長崎・平戸を港市という視点でみると、消費地としての性格が強い都市遺跡というよりは、港市遺跡とよぶのがふさわしい。港市遺跡を解明していくには、消費

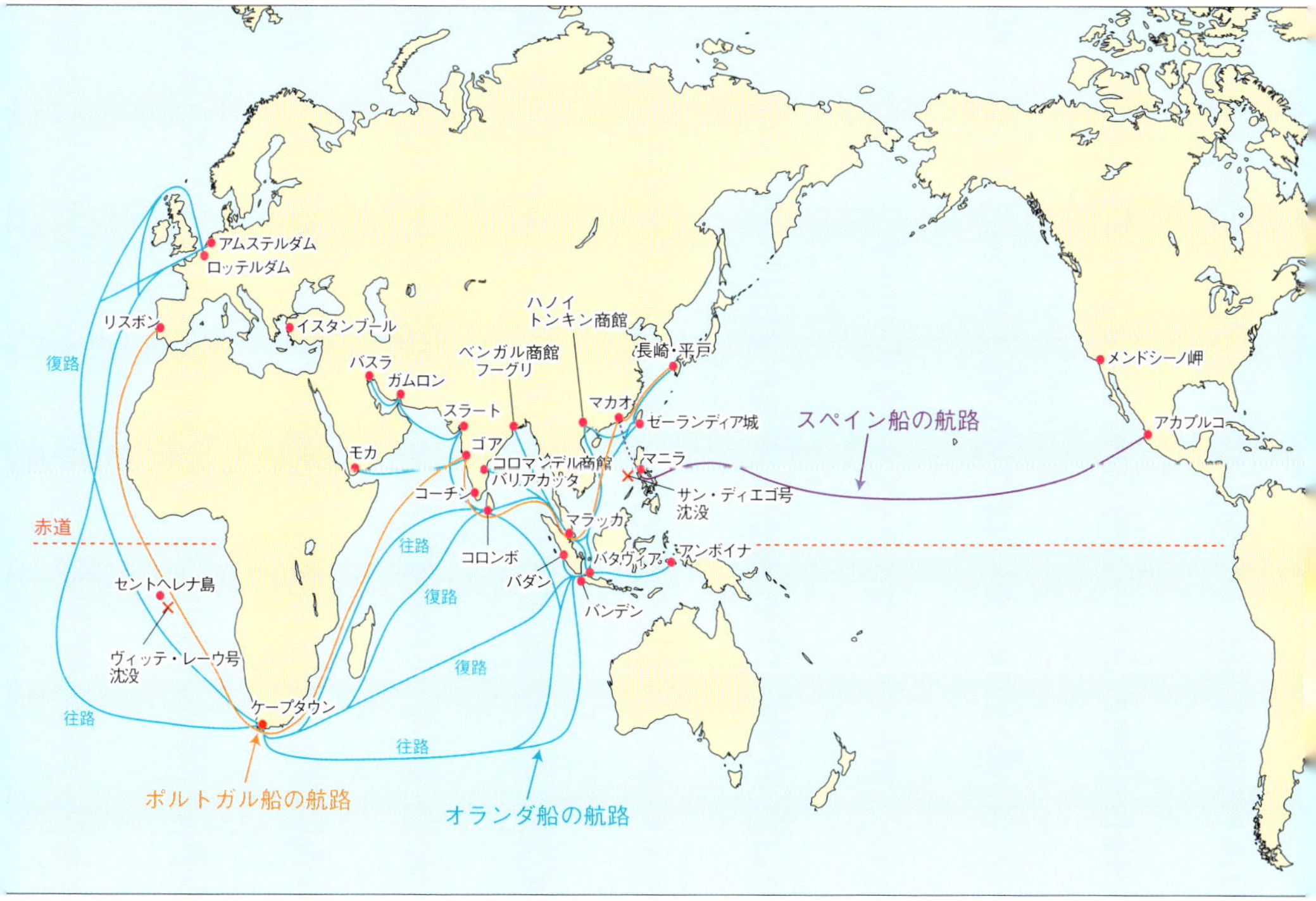

図８ ● 17世紀の西洋船による航路ネットワーク
交錯するルートによって、さまざまな商品が世界をめぐるようになった。
長崎・平戸は航路によって「世界中」と結ばれていたのである。

を主体とした一般の都市遺跡とは異なる、「港市ならではの場」の性格や機能を考えていく必要があるが、東南アジア各地の港市を構成する要素としては、波止場・倉庫・税関・外国人居留地・商人居住地・国の役所・王城などが知られている。長崎・平戸においても、文献史料や絵図面から、これらに対応する場所を特定することが可能であり、発掘成果については、これらの性格に応じた分析や評価をおこなう必要がある。

「港市」長崎・平戸の概観

中世におけるわが国の海外貿易の拠点は博多であったが、一六世紀に長崎と平戸が西洋船による貿易をおこなうようになって以降、複雑な道筋をたどって最終的に「長崎と唐・オランダ」というかたちで落ち着いた。長崎・平戸の変遷を理解するうえで、その道筋を、図9の年表をみながらおおまかにふり返っておこう。

日本にはじめて来航した西洋船は、よく知られるように、一五四三年（天文一二）に種子島へ到達したポルトガル船である。ポルトガル船は、その後、薩摩・日向・豊後などに散発的に入港し、いわゆる南蛮貿易をおこなっていた。一五五〇年（天文一九）、ポルトガル船は、平戸に入港したが、同乗するイエズス会宣教師の布教への反発を受けて入港をやめ、横瀬浦と福田を経て、一五七一年（元亀二）以降は長崎へ定期的に入港するようになった。

ポルトガル船が途絶えた平戸であったが、一六〇九年（慶長一四）年にオランダ船が入港し、商館を設置したことで、ふたたび西洋船による貿易が始まった。これ以降、長崎と平戸は、西

西暦	年号	長崎	平戸	関係事項
一五四二	天文一一		王直、平戸へ滞在	
一五四三	天文一二			ポルトガル船、種子島へ来着
一五五〇	天文一九		ポルトガル船、平戸へ来航	
一五六二	永禄五			ポルトガル船、横瀬浦へ
一五六五	永禄八			ポルトガル船、福田へ
一五七〇	元亀元	長崎開港		
一五七一	元亀二	六町の町建て　ポルトガル船、長崎へ入港		スペイン人、マニラ建設
一五八〇	天正八	大村純忠、長崎をイエズス会へ寄進		
一五八八	天正一六	豊臣秀吉、長崎を没収し直轄地とする		
一五九二	文禄元	長崎に奉行・町年寄を置く		秀吉、朝鮮出兵（文禄の役）
一五九七	慶長二			秀吉、朝鮮出兵（慶長の役）
一六〇〇	慶長五			マニラ沖でスペイン船サン・ディエゴ号沈没
一六〇一	慶長六	長崎で火災、六町焼ける		
一六〇二	慶長七			連合オランダ東インド会社（ＶＯＣ）設立
一六〇三	慶長八			徳川家康、江戸幕府を開く
一六〇五	慶長一〇	長崎が天領となる		
一六〇九	慶長一四		オランダ船、平戸へ来航し、商館設置	
一六一二	慶長一七			幕府、天領に禁教令
一六一三	慶長一八		イギリス、平戸に商館を設置	セントヘレナ島でオランダ船ヴィッテ・レーウ号沈没
一六一四	慶長一九	長崎の教会が破却される（サント・ドミンゴ教会も）		大坂冬の陣
一六一六	元和二		オランダ商館、新たな埠頭建設	幕府、中国船以外の貿易を長崎・平戸に限る
一六二三	元和九		イギリス商館閉鎖	
一六三五	寛永一二	幕府、唐船の入港を長崎へ限る		日本人の海外渡航、海外在住日本人の帰国禁止
一六三六	寛永一三	出島完成、ポルトガル人を収容		
一六三七	寛永一四			天草・島原の乱（〜一六三八）
一六三九	寛永一六	ポルトガル船の来航禁止、出島は空地となる	オランダ商館、新たに石造倉庫建設	
一六四〇	寛永一七		一六三九年築造の倉庫破壊	
一六四一	寛永一八	オランダ商館、出島へ移転		
一六四八	慶安元	幕府大目付井上筑後守、立山に屋敷を置く		
一六六三	寛文三	長崎大火（寛文大火）		
一六七〇	寛文一〇			天草・富岡城破却（戸田の破城）
一六七三	延宝元	長崎奉行所（立山役所）設置		
一六八九	元禄二	唐人屋敷完成		
一七一七	享保二	立山役所大改造		
一七五五	宝暦五	立山役所東側に濠		
一七九三	寛政五	立山役所東長屋建替（濠埋め立て？）		
一八五八	安政五	長崎に居留地形成		安政の開国
一八六七	慶応三	出島築き足し		

図９●港市としての長崎・平戸年表

洋船による海外貿易で競合する時代を迎えた。

平戸のオランダ船貿易が当初低迷したのに対し、長崎では、日本人が直接東南アジアなどへ渡航して貿易をおこなう朱印船《しゅいんせん》貿易が活発化し、輸入生糸の価格を一元的に決定して取引をおこなう糸割符《いとわっぷ》制度が確立されるなど、貿易拠点としての立場が高まっていった。しかし、長崎はイエズス会が関与して成立した町で、住民のほとんどがキリシタンであり、ポルトガル人が市中へ雑居するなど、徳川幕府の禁教政策と相容れない側面をあわせもっていた。

一六一四年（慶長一九）、幕府は長崎の教会を破壊し、一六二〇年代には、踏絵や拷問を実施して長崎住民の強制改宗を強化していった。一六三〇年代になると、日本人の海外渡航が禁じられて朱印船貿易が終了し、一六三六年（寛永一三）には、完成した出島にポルトガル人を収容して、その妻と混血児はマカオへ追放された。そして、一六三七年（寛永一四）に勃発した島原の乱を契機として、一六三九年（寛永一六）、幕府はすべてのポルトガル人を追放した。

ポルトガル人が退去した出島は空地となったが、二年後の一六四一年（寛永一八）には平戸からオランダ商館が移転した。すでに、一六三五年（寛永一二）には、唐船の入港も長崎へ限られており、ここに海外貿易の長崎への集約が完成した。

長崎でのオランダ人の滞在は、当初から居留地である出島に限られていたが、キリシタンと無関係とみられていた唐船の中国人は、依然として市中に散宿していた。やがて、唐船経由でのキリシタン布教疑惑や、日本人との混血などの問題から、一六八九年（元禄二）に完成した唐人屋敷に収容された。

以上のように、海外貿易の長崎への集約は、政治的意図と経済原理の紆余曲折を経た結果であった。さらに、訪れる外国人が雑居状態から居留地へと分離された過程でもあった。皮肉なことに、海外貿易が長崎へ集約され、出島・唐人屋敷《とうじんやしき》が成立して以降、日本からのおもな輸出品であった銀や銅の産出が減少し、一八世紀以降の貿易は下降線をたどっていった。貿易の活況・新しい宗教・外国人との雑居といったゴールド・ラッシュ的なダイナミズムこそが、一七世紀までの港市、長崎・平戸の特質であったといえよう。

次章からは、こうした港市の歴史を念頭におきながら、長崎・平戸の特質を示す発掘成果をみていくが、まず第2章では長崎に先立つ港市として栄えた平戸をみてみたい。

図10●「和蘭船唐船図」
長崎生まれの江戸後期の画家・石崎融思（ゆうし）が描いた、長崎港に停泊するオランダ船（左下）と唐船（右上）。

第2章　長崎以前の港市・平戸

平戸島は、九州本土の最西端と平戸大橋で結ばれた南北に長い島である（図11）。橋がかかる以前は、狭い海峡をはさんで本土部と対峙していたが、地勢的にみると、九州と大陸間の航路上に位置し、古くから博多へ向かう中国船が寄港していた。

長崎が港市として発展するきっかけとなったポルトガル船も、はじめは平戸へ入港していたが、平戸領主とイエズス会宣教師の対立から、西彼杵半島の小さな港である横瀬浦、さらに福田へと移り、最終的に長崎に落ち着いたのである。そして平戸には、長崎に移転する前のオランダ商館が置かれていた。

こうしてみると平戸は、東シナ海から博多、さらにその先に至る際の、もっとも自然な地勢上の玄関口であったことがわかる。結果的に、平戸は長崎に海外貿易を奪われたかたちになるが、地勢上の有利さを考えると、長崎への貿易集中がいかに政治的・政策的な紆余曲折の結果であったかが理解されよう。

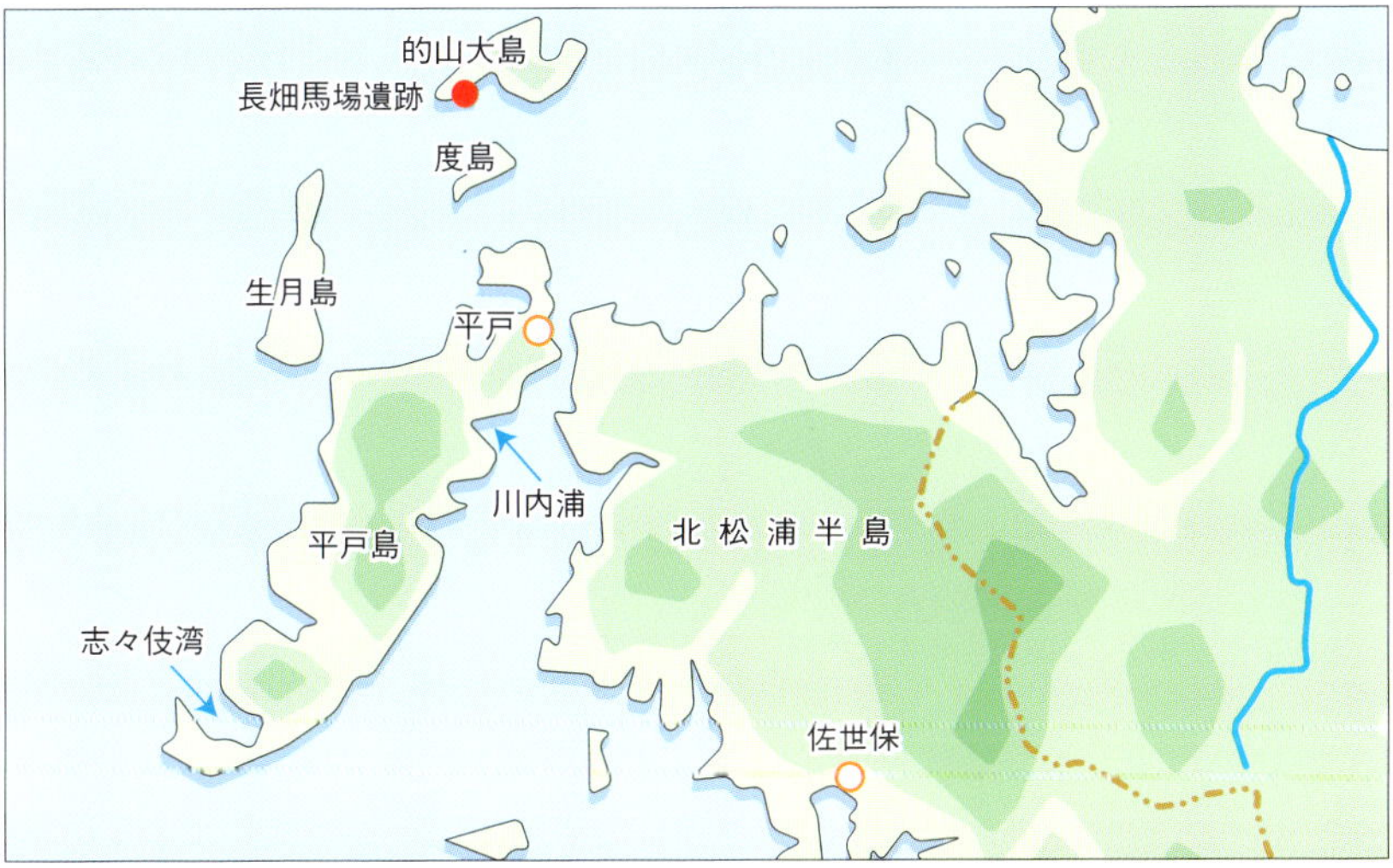

図 11 ● **平戸島と海外貿易関連地名**

図 12 ● **現在の平戸港**
手前右手、湾に突き出た一帯が、オランダ商館跡。

この平戸の歴史を知ることは、長崎以前の港市の実態を解明することでもある。本章では、平戸に入港・寄港していた船の変遷をふまえて、港市・平戸を明らかにする発掘成果をみていこう。

1　倭寇の時代

中国商船の寄港

平戸と海外との関わりは、八世紀から九世紀にかけて、大陸に派遣された日本船の寄港地として始まった。平戸は、新羅《しらぎ》との緊張関係から八世紀以降に南路をとった遣唐使船の航路上に位置し、往復ともに風待ちのために寄港することが多かった。

遣唐使の廃止後、一〇世紀から一四世紀前半にかけて、唐・宋の商船は、この南路を通って博多を目指したが、やはり五島列島や平戸に寄港することが多かった。こうした平戸と中国間の商船の往復を利用して、平戸から僧侶らが入宋・帰朝した記録や、平戸に宋商人が定住したという記録もある。

この時期の発掘成果としては、島の南端の志々伎《しじき》湾周辺や島央の川内浦《かわちうら》、北部のオランダ商館の設置以前の下層など沿岸部の中世遺跡や、北方の的山大島《あづち》の長畑馬場《ながはたばば》遺跡などで散発的に中国産の白磁や青磁が出土していることがあげられる。龍泉窯《りゅうせんよう》系の鎬蓮弁《しのぎれんべん》青磁が主体を占め、時期的にみて中国船の寄港に関連するものと思われるが、分布の主体が明確でなく、港市の実態を語るには十分ではない。

松浦党と倭寇

鎌倉時代になると、松浦《まつうら》地方の各浦を拠点とした小豪族は、清和源氏の末裔と称して一字名《いちじな》を名乗り、いわゆる松浦党《まつらとう》として知られ、南北朝のころには、各氏が連携するようになっていた。そして一四世紀後半ごろには、朝鮮半島や中国の沿岸における略奪などの海上活動、いわゆる倭寇《わこう》を頻発させるようになった。

朝鮮側の記録には、倭寇の根拠地として「三島《さんとう》」すなわち対馬・壱岐・松浦があげられており、平戸も根拠地のひとつであった。この時期、平戸島を拠点としていたのは、後に平戸松浦氏となる峯氏などでだが、直接あるいは間接にこうした活動に関わっていたものと考えられる。

一五世紀になると、倭寇は朝鮮による倭寇懐柔政策によって終息し、平和的な貿易者へと衣替えしていった。平戸の朝鮮への通交は、一五世紀後半の朝鮮側の記録である『海東諸国紀《かいとうしょこくき》』からうかがえる。「肥前州平戸寓鎮肥州太守源義と称す。図書を受け、歳遣一船を約す」とあり、源《みなもと》（松浦）義《よろし》が、図書とよばれる貿易許可書を得て、貿易船を派遣していたことがわかる。

また、足利義満が企画した遣明船が寄港した時期でもある。遣明船は、遣唐使船と同じく、博多を発して平戸や川内浦、的山大島で風待ちし、五島列島の奈留《なる》島から明へ渡ることが多かった。的山大島での待機は時として半年におよび、平戸では硫黄を積み込むこともあったが、遣明船の派遣は一六世紀の前葉には終了した。

この時期の発掘成果は、平戸湾口に面する後のオランダ商館の周辺にみられる。

西側に位置する通称八八四地区では、商館設置以前の層から建物の礎石がみつかっており、中国産の雷文《らいもん》青磁、粗製青磁、軟質の白磁皿、鉄絵碗、朝鮮産の粉《ふん》青象嵌《せいぞうがん》、国産の常滑《とこなめ》系の甕などが出土している（図13）。

こうした陶磁器は、一四世紀後半から一五世紀にかけての対馬・壱岐を含む玄界灘沿岸の遺跡から出土することが多いが、これらに加えてベトナムやタイなど東南アジア陶磁が出土する遺跡を、倭寇の広範な活動と関連づけて「倭寇関連遺跡」とよんでいる。

平戸の場合も、これに近い評価を与えることができ、居住者が倭寇や朝鮮貿易と関わっていたことがうかがえる。なお、遣明船に関わる発掘成果は、現時点では得られていないが、川内浦や的山大島などの寄港地における発掘調査に期待したい。

図13 ●倭寇時代の出土遺物
同じような遺物が、対馬・壱岐・唐津などの倭寇関連遺跡から出土している。

2　中国人海商とポルトガル船の時代

海商・王直

遣明船以後、海外貿易の途絶えていた平戸に、一五四二年（天文一一）、中国人海商の王直《おうちょく》が貿易者として来航し、松浦氏の保護のもと根拠地とした。王直とは、塩商人から転じて貿易商人となった中国人で、密貿易を背景に活動した後期倭寇（中国人海商）の頭目である。

王直が来航した背景には、一五三三年（天文二）に石見《いわみ》銀山に伝播した灰吹法《はいふきほう》により、飛躍的に増産された日本銀の輸出があったと考えられている。というのも、王直が平戸に来た一五四二年、南シナ海を中国ジャンク船で航行していたポルトガル人が、プレマタ・グンデルという海賊に襲われ、これを撃退しているが、捕えたグンデルの積荷について、「戦利品は八万タエル（両）にのぼった。その大部分は、グンデルが平戸からシンシェウ（漳州）に行く三隻のジャンク船から奪った日本銀だった」という記録があり、平戸が銀の輸出港となっていたことがうかがえるからである。

その後、王直は、中国貿易の仲介者として勢力を増し、武装して密貿易を強行し、後期倭寇の頭目として明を攻めるようになったが、策略によって捕られ、一五五九年（嘉靖三八）に処刑された。しかし、王直の築いた仲介ルートはその後も存続し、配下の李旦《りたん》や鄭芝竜《ていしりゅう》へ引き継がれ、平戸を拠点とした貿易が続けられた。

また、一五五〇年（天文一九）以降、おそらくは王直の関与によりポルトガル船が平戸に来航した。当時のポルトガルは、一六世紀に入ってゴア、マラッカ、マカオと東アジアへ近づいてきたが、一五四三年（天文一二）に種子島へ来着して以降、毎年のように薩摩・日向・豊後など九州の各地に寄港していた。

平戸領主の松浦氏は、はじめ歓迎したが、やがて同乗するイエズス会宣教師との対立から、一五六四年を最後にポルトガル船は平戸入港を止め、最終的に長崎へと向かったのであった。

中国海商が残した遺物

オランダ商館の西側では、商館設置以前の埋め立てにともなう石垣がみつかっている。そして、この石垣を造成した時の埋め土から、中国産の青花、青磁、白磁と朝鮮産の陶器皿や甕が出土した（図14）。

青磁など一部に一五世紀以前のものも含まれるが、青花などは一六世紀後半が下限と考えられていること、また一乗谷朝倉氏遺跡のように天正年間（一五七三—九二）を下限とする遺跡

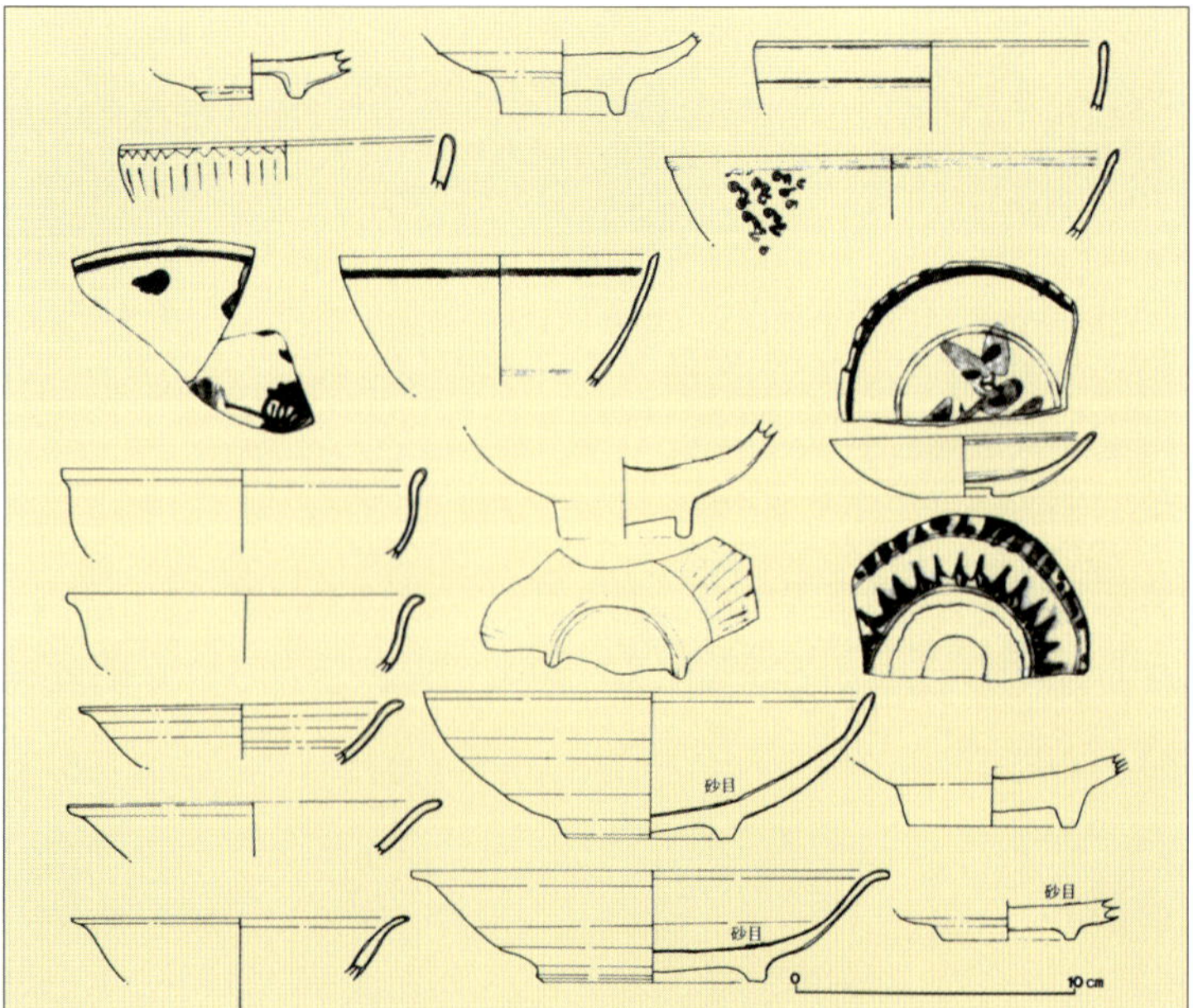

図 14 ● 王直時代の出土遺物の実測図
オランダ商館設置以前の平戸の状況を示す貴重な資料である。

と比較して、新しい遺物がみられないことから、これらの出土物は一五七〇年代を下限として考えることができる。すなわち、この石垣は王直時代を含む、一五七〇年代までの中国人海商とポルトガル船時代の遺物と位置づけることができる。

３　オランダ商館の時代

西洋船の来航と商館の建設

ポルトガル船が去った後、平戸の海外貿易は中国船に限られていたが、一六〇九年（慶長一四）に二隻のオランダ船が来航し、家康の許可を得て平戸港に連合オランダ東インド会社（ＶＯＣ）の商館が設置され、ふたたび西洋船による貿易がはじまった。さらに一六一三年（慶長一八）には、後を追うようにイギリス船が来航し、やはり平戸港へ商館が設置されている。

当時のオランダは、スペイン・ポルトガル勢力に対抗して東洋貿易への積極的な参入の意志をもっていた。一六〇二年（慶長七）には、ＶＯＣを設立し、翌年マライ半島のパダンに商館を設けたが、一六一一年（慶長一六）からはバタヴィアを拠点に活動した。

さて、商館が設置されたといっても、当初は町屋を借りて暫定的な業務をおこなっていた。オランダ商館の場合、住居や倉庫などの本格的な施設は、文献記録から一六一〇年代につくられたことがわかっている。このころイギリス商館長だったリチャード・コックスは、たびたびオランダ商館を訪れて、その様子を記録している。一六一六年六月二日には「オランダ人たち

図 15 ● **1616 年築造の護岸石垣と出土遺物**
上：左右にまっすぐ伸びる石垣がイギリス商館リチャード・コックスの記す 1616 年築造の埠頭。
下：その裏込めから出土した中国磁器。写真左下は「明山手（めいざんで）」とよばれる皿である。

は、他の倉庫と同じ大きさの新しい倉庫の棟上げをおこなう。……海に向かって新しい埠頭をつくった」と書いており、つぎつぎと倉庫をつくっている様子がうかがえる。

発掘調査では、海に面した護岸石垣がみつかっているが（図15）、位置関係や出土遺物からみて、コックスの記録にある「新しい埠頭」に相当するものと考えられている。なお文献では、倉庫のほか、住居・鳩舎・塀・階段・水門・井戸・果樹園などがつくられたことがわかる。

一方、イギリス商館は、かつて王直の配下であった中国人李旦の借りていた商館で業務を開始したが、翌年にはこれを購入して防火対策や修理をおこなっている。さらに、周辺の家屋を買収して倉庫をつくったほか、一六二一年には、海岸部を埋め立てて敷地をひろげ、波止場や階段を設けている。イギリス商館の場所は、かつての王直屋敷（天門寺）の近くと推定されているが、発掘調

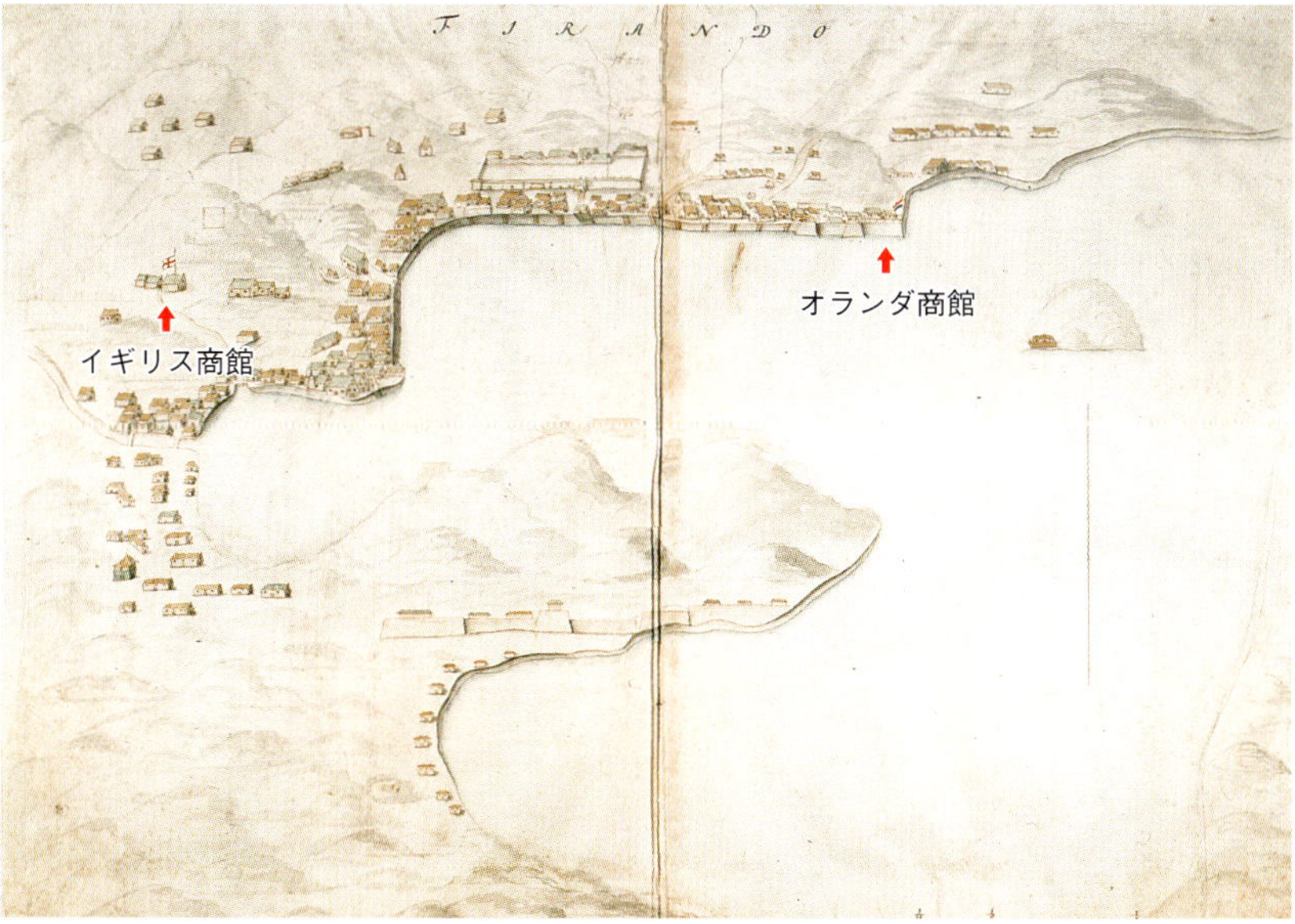

図16 ●「1621年平戸図」
17世紀初頭に西洋人が描いた日本の景観としても貴重な資料である。平戸は護岸石垣が発達した港だったことがわかる。
〔Nationaal Archief in the Netherlands〕

査はおこなわれていない。

この時期の平戸港の景観を示す資料としては、オランダのハーグ国立中央文書館蔵の「一六二一年平戸図」からその様子をうかがうことができる（図16）。建物の詳細には不明な点が多いが、海岸部が護岸石垣で囲まれた港の様子がわかり、オランダ商館には三色旗、イギリス商館には聖ジョージ旗が描かれている。

低迷する貿易

さて、商館を設置したものの、オランダ・イギリスは、ともに中国に拠点をもたないため、生糸など日本向けの主力商品を安定して調達することができなかった。日本との貿易の中心は、次章でみるように、長崎に移ったポルトガルに握られていたのである。

このためVOCは、長崎へ向かうポルトガル船に対する海賊行為を奨励した。この時期に平戸に持ち込まれたのは、こうした海賊行為によって得られたものであった。当然、長崎のポルトガル人とこれに投資する長崎奉行な

図17 ● 1639年に築造されたオランダ商館の石造倉庫の基礎
完成直後に井上筑後守により破壊を命じられた短命な倉庫であった。

どとの間に衝突が生じたが、一六一二年（慶長一七）に徳川幕府がキリスト教の禁教政策をとるようになって以降は、宣教師潜入などの嫌疑からポルトガル人はしだいに不利な立場におかれていった。イギリスもまた、オランダと同様に海賊行為をおこなったが、各地でオランダとの競争に敗れ、一六二三年には商館を閉鎖している。

オランダは一六二四年、台湾にゼーランディア城を築き、中国商品の入手が可能になったものの、幕府が推進した日本人による海外貿易・朱印船とのトラブルにより、一六二八年から五年間にわたり貿易が中断した。

その後、幕府の政策が鎖国に転換し、日本人の海外渡航が禁止され、商館の貿易は再開したが、依然として長崎のポルトガル船との競合関係は続いていた。こうしたなか、一六三七年（寛永一四）に島原の乱が起こった際には、商館のオランダ船も砲撃に参加することで、幕府への忠誠を示した。一六三九年（寛永一六）、幕府は出島のポルトガル人を追放し、西洋船による貿易はオランダのみ、平戸に限定されることとなった。

図18 ● 史跡「平戸和蘭商館跡」
現在、倉庫の復元に向けて整備がおこなわれている。

商館倉庫破壊と長崎移転

オランダにとって情勢がしだいに有利となって貿易量が拡大したこと、当初の建物が老朽化したことから、一六三七年および三九年に、オランダ風の本格的な石造倉庫が建てられ、住居についてもオランダ風の増改築がおこなわれた。

発掘調査では、一六三七年築造の倉庫および一六三九年築造の倉庫の基礎が検出されている（図18）。これによって倉庫の位置が判明するとともに、布基礎など倉庫の下部構造が明らかになっている。また、商館の会計帳簿に資材の発注記録があり、使用された部材の大きさや数量が判明していることから、復元へ向けた手がかりとなっている（図19）。

平戸による西洋船貿易の独占時代は短く、一六四〇年（寛永一七）一一月、幕府の特使井上筑後守政重《まさしげ》が商館を視察した後、商館長のカロンをよび、倉庫の正面破風《はふ》に西暦が書かれていることを理由に、直ちに破壊することを命じた。これは将軍の極秘の命令を受けてのことであった。翌年、オランダ商館の長崎移転が申し渡された。ここに海外貿易を長崎の出島に限定する江戸時代の鎖国体制が完成するとともに、平戸の海外貿易は終わりを告げたのである。

図19 ● オランダ商館石造倉庫の復元模型
発掘成果、文献、現存するオランダ建築から推定した復元倉庫である。

第3章　港市・長崎の展開

1 「諸民族雑居」の空間

「出島」以前の長崎

長崎で外国人が滞在・居住していた場所としては、出島と唐人屋敷がよく知られている。出島はオランダ商館員が、唐人屋敷は中国人が生活した閉鎖的居留地であり、出入りが厳しく制限され、長崎の住人との接触は役人や遊女を除いて禁じられていた。

現在、長崎では、海外との接点として、出島・唐人屋敷がクローズアップされることが多いが、貿易品などのモノや情報などを通した間接的な接触はともかく、外国人との直接的な接触という意味では、このふたつを代表とすることはできない。なぜなら長崎には、外国人との接触ということでは、より濃密な前史があるからである。

長崎はもともと小さな村であったところを、イエズス会と日本最初のキリシタン大名、大村純忠《すみただ》によって、一五七一年（元亀二）に、貿易港として新たにつくられた町であった。翌年からポルトガル船が入港し、当初から宣教師や貿易商人などの外国人との強い関わりのなかで発展していった。イエズス会宣教師の国籍は、ポルトガル・スペイン・イタリアなどであるが、ポルトガル船を利用する商人にも同様の出身者がいた。また船の乗組員には、アフリカや東南アジアの出身者が多かった。さらに、唐船の中国人の滞在に加え、豊臣秀吉による朝鮮出兵（文禄の役・一五九二年、慶長の役・一五九七年）の際には多くの朝鮮人が長崎に連れてこられたという記録もある。

これらの諸外国人は、出島や唐人屋敷が成立する以前は、基本的に市中の宿に滞在したが、なかには滞在が長期におよび、住居を構える者もいた。たとえば、スペイン人の商人アビラ・ヒロンは、途中の外遊はあるものの、一五九四年から一六一九年まで長崎に滞在し、家を構えており、朝鮮人を下女として使っていた。ヒロンの家は、当時の中心市街からやや離れていたが、中心市街であった六町《ろくちょう》では、より濃密な外国人との関わりがあった。

六町の住人たち

長崎の町の中で、最初に町建てされた大村《おおむら》・平戸《ひらど》・島原《しまばら》・外浦《ほかうら》・分知《ぶんち》・横瀬浦《よこせうら》の六町は、天正年間（一五七三―九二）に大村純忠からイエズス会へ寄進された経緯をもち、出島築造以前にもっとも直接的に外国人と関わった場所である。

ここにどのような出自の人びとが住んでいたのかについては、やや時代が下るが寛永年間

（一六二四—四四）の『平戸町人別生所糺《にんべつせいしょただし》』（九州大学所蔵）という史料から知ることができる。『人別生所糺』とは、住民の出身地や長崎への来歴、家族構成、キリシタンからの転宗の年などが記されている台帳のようなものである。

平戸町の住人の過半数は他所からの移住者であり、出身地は北部九州一円から京、大坂、堺など関西の都市、さらに朝鮮にまでおよんでいる。さらに、キリシタンや貿易との関わりから劇的な人生を送った者が多い。

たとえば、住民のひとりである川崎屋助右衛門の女房の場合、朝鮮に生まれ、一五九九年（慶長四）に捕虜として肥後八代《やつしろ》に連行され、一六一一年（慶長一六）に長崎でマカオへ売られた。マカオでキリシタンとなり、一六一六年（元和二）に長崎に戻って外浦町に住んだが、一六二〇年（元和六）から一六二三

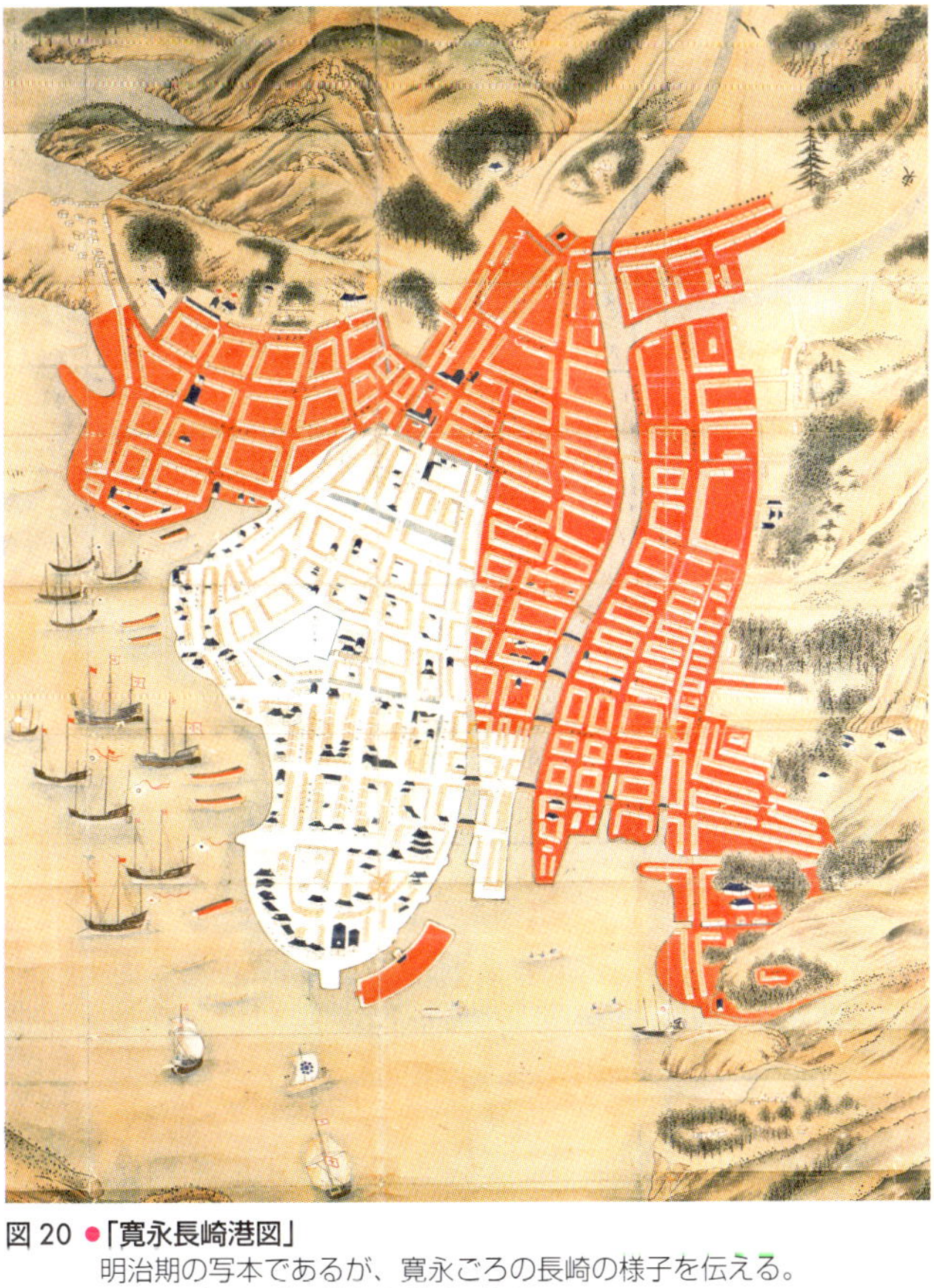

図20 ●「寛永長崎港図」
明治期の写本であるが、寛永ごろの長崎の様子を伝える。
港にはポルトガル船と唐船がみえる。

年（元和九）ごろに転宗している。

また、池本小四郎の父の場合も、朝鮮から長崎に来てキリシタンとなったが、売られたか、あるいは貿易に従事したかでマカオへ渡り、一五九七年（慶長二）に長崎に戻った。元和年間（一六一五―一二四）に転宗したが、ポルトガル人の子を養っていたため、一六三六年（寛永一三）に、マカオに追放されている。

このようにさまざまな出自の人びとが雑居する長崎の状況を、立教大学の荒野泰典は「諸民族雑居の状態」とよんでいる。こうした状況は、海外との接触が多い国家の周辺域に面的に形成されるとされ、東京大学の村井章介は、一五世紀に朝鮮半島南岸の倭人の居留地であった三《さん》浦《ぽ》の例に着目し、そこで生活・活動する帰属のあいまいな人びとを境界人（マージナル・マン）とよんでいる。

長崎の六町の場合、イエズス会へ寄進されるなど町自体の帰属が曖昧だったうえに、一七世紀中ごろまでの住人の出自の多彩さには驚くべきものがある。外国人との直接的な関わりという点では、出島や唐人屋敷と比較にならないほど濃密であり、港市・長崎の原点とよぶにふさわしい場所なのである。

いまに残る旧六町の町割り

さて、この六町は立山から舌状に南へ伸びる台地の先端に建てられた（図1・21）。旧六町付近の標高は七～一二メートルで、かつては周囲が海であったため長い岬のようにみえたという。

長崎の地名は、この長い岬にちなむという説もある。町建て当初の六町は、寛永期に横瀬浦町が平戸町、分知町へそれぞれ編入され四町となるが、町割りの変更はなく、現在まで基本的な町割りが保たれている。

現在、旧六町は万才町と名を変えているが、それは近代になってから島原町に明治天皇の行幸があり、それを記念して町名を変更したことによる。後の町名・町界再編により、旧六町のほかの町も万才町という町名を冠することになった。

現在の万才町は、官公庁やオフィスビルが建ち並ぶ長崎市の中心市街となっているが、旧六町域の周囲に残る石垣には、近世のものと推測される古い積み方が部分的にみられる。

意外に質素な住居

旧六町では、ビルの建て替えな

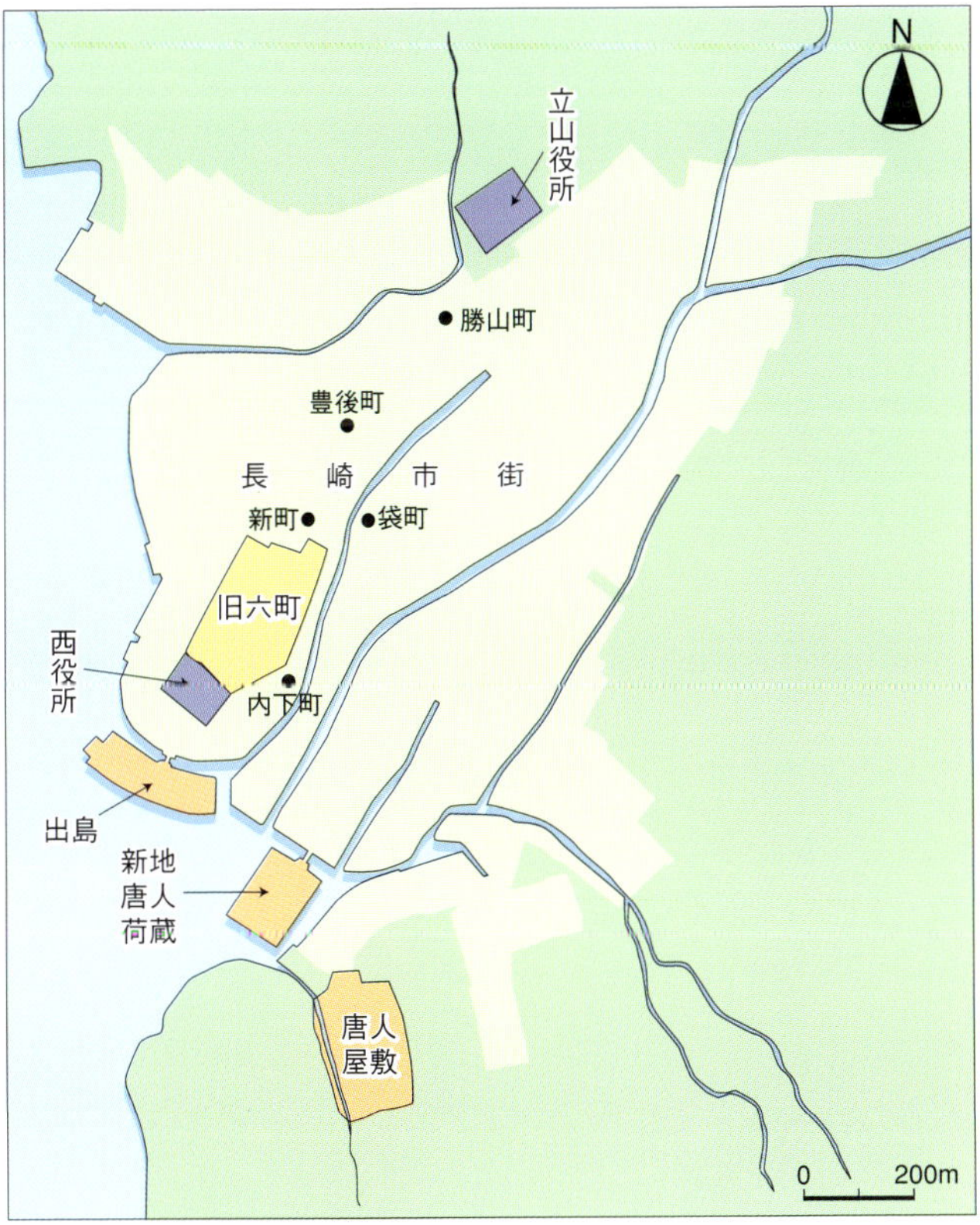

図21 ● 19世紀初頭の長崎市街
岬の先端に町建てされた六町を中心に、人口の増加にともなって周囲につぎつぎと町建てされ、都市化が進んだ。

どにともなって、大村町・島原町・平戸町において調査がおこなわれた。その結果、町建て時の生活面、火災にともなう数度の整地、建物・溝・土坑などの遺構がみつり、陶磁器や瓦を中心とする数多くの遺物が出土している。とくに長崎県教育委員会がおこなった大村町の調査では、火災層を鍵層として遺跡の変遷がうまく把握された。

「日本人は蔵とよぶ火が中に入らないように内側と外側をしっかりと鉄板で覆った堅固な食料貯蔵庫か酒蔵のようなものをつくる。……火事だという声がきこえるとすぐに持っているものをことごとくこれらの建物に入れる。今回もそうしたのだが、火勢は容赦しないほど強く、中にあるすべてのものもろとも灰燼に帰した蔵は二百以上にのぼった。」

これは、一六〇一年（慶長六）の出来事を記したイエズス会年報の一部である。この火災は、当時長崎の岬の先端に完成したばかりの四階建ての壮麗な教会の面前で起こり、教会への類焼はまぬがれたが、長崎のおもな町

図22 ● 慶長の火災で焼失した蔵の跡
本来は総柱の礎石建物であったと考えられる。

は焼けたことが記録されている。

ほぼ四〇〇年後におこなわれた大村町の発掘は、この火災の焼土層を明らかにした（図22）。町建て以来、最初に経験する大規模な火災であり、焼土層で覆われた生活面は、町建て当初のものである。

みつかった遺構には、住居と考えられる掘立柱建物や蔵と考えられる礎石建物、石組みの排水溝、井戸などがある。掘立柱建物の住居も含めたこれらの遺構は中世的な色合いが濃いが、同時期の堺や博多といった大都市と比較すると、質や規模の点で劣っており、町建てからイエズス会寄進を経た六町の住居の実態は、意外にも質素なものであったことがわかる。

牛骨と中国陶磁

文献上の火災記録と発掘成果が一致することで、文献史学が提起するさまざまな問題について実証することが可能になってきている。そのひとつに、この時期の長崎に多国籍の外国人が雑居していたとされる状況が、考古学的に実証できるかという問題がある。

遺構の面からみると、中近世に一般的な工法がとられ

図23 ● 六町で出土した牛骨
刃物による切断痕（解体痕）が残るものも多い。
出島以前の西洋人居住を示すものか。

ており、住人の国籍のちがいを示すような点をみいだすことは難しい。諸民族雑居の状態があったとすれば、あくまで日本家屋の中での出来事であったと推測される。

これに対して、遺物には異文化が存在した直接的な痕跡をみることができる。その代表的なものとして、六町周辺で出土する獣骨、とくに牛の骨があげられる（図23）。これらには刃物による切断痕が認められるものが多く、食用として解体されたことがわかる。また、牛骨は町建てから一七世紀前半の遺構や土層から出土し、それ以降の出土は出島に限られることからみても、西洋人が食用とした可能性がきわめて高いといえるのではないだろうか。

このほか、出土した陶磁器の産地別の割合において、中国陶磁が圧倒するという状況をあげることができる（図24）。一六〇一年の火災を年代の下限とする大村町のデータでは、じつに九六パーセントを中国産の陶磁器が占めている。同時期の各地の遺跡における中国陶磁の割合をみると、大坂は六三パーセント、博多は五一パーセ

図 24 ●六町で出土した中国陶磁
17 世紀初頭ごろまでの長崎では、国産の陶磁器が出土することは稀で、時に異国を発掘しているような錯覚におちいる。

ント、豊後府内は六五パーセントなどとなっており、長崎の割合は突出していることがわかる。このような中国陶磁が圧倒する状況は、中世の対馬の水崎仮宿《みずさきかりやど》遺跡や琉球の勝連城《かつれんぐすく》でもみられ、日本の周縁、つまり境界人が活躍する領域に共通する状況であると考えられる。

中国陶磁圧倒の状況は、一七世紀前半まで続くが、一六六三年（寛文三）に町全域が灰燼に帰した「寛文大火」の時点では、肥前を主体とする国産の陶磁器と逆転している。この時期の長崎には、依然として市中に中国人が雑居していたが、ポルトガル人は追放され、平戸から移ったオランダ人は、出島から出ることは禁じられていた。外国人との関わりの深さと中国陶磁の割合に、どのような関係があるのかということについては検討の余地があるが、文献史学が提起するこの時期の長崎の様相に対応する考古学的成果と考えている。

2　ポルトガル貿易とキリシタン

生糸と銀

長崎を舞台とする海外貿易は、一七世紀までは銀の輸出と生糸の輸入を基本としていた。銀については、残念ながらこれを裏付ける発掘成果は発見されていないが、生糸については、間接的ながら取引を裏付ける資料が出土している。六町の北側に隣接する新町《しんまち》は、六町とともに内町《うちまち》と称されたが、大坂から来て、新町の町役人となった八尾《やお》家の屋敷の発掘がおこなわれている。

志野《しの》・織部《おりべ》など一七世紀初頭の豊富な茶道具の出土が目を引き、いかにも茶の湯の中心であった上方の出身であることを示しているが、同じ調査で、表に「戊寛永五年　㊇　壱番白糸三拾五斤　辰　霜月　吉日」、裏に「京□□町　山地与十郎」と墨書された木簡がみつかった（図25）。生糸の取引に関わるものであり、商品のそのものが考古資料として残りにくいことを考えると、この木簡は貿易の実態を間接的ながら具体的に示す貴重な資料といえる。

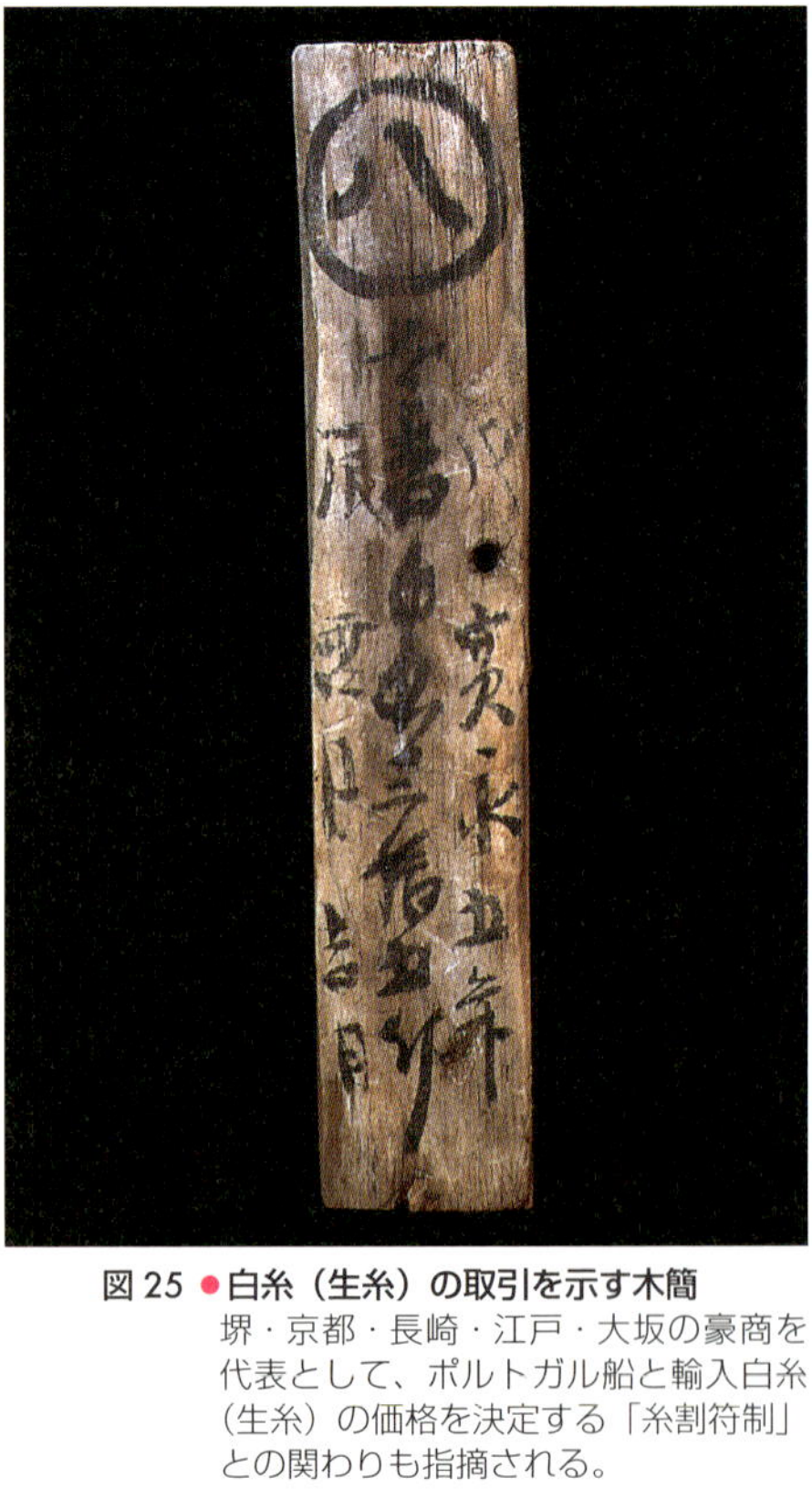

図25 ● 白糸（生糸）の取引を示す木簡
堺・京都・長崎・江戸・大坂の豪商を代表として、ポルトガル船と輸入白糸（生糸）の価格を決定する「糸割符制」との関わりも指摘される。

朱印船貿易と東南アジア陶磁

開港当初の長崎での貿易は、来航するポルトガル船、中国船による「受動的な貿易」であったが、一七世紀初頭以降に本格的になった朱印船貿易は、日本人みずから東南アジアへ出ておこなう「能動的な貿易」であった。発掘調査では、こうした背景と呼応するような事実が明らかになっている。

長崎から出土する東南アジア産の陶磁器は、町建て当初は少ないが、一六〇一年の火災後に急増し、一六六三年の寛文大火の時点ではほとんどみられないことから、年代的に重なる朱印船貿易との深い関わりが考えられる。

代表的なものは、タイのノイ川流域で焼かれた褐釉四耳壺《かつゆうしじこ》（図26）とベトナムの焼締長胴壺《やきしめちょうどうこ》（図27）があるが、もともと中に何が入っていたのかはわかっていない。後者については、茶の湯の世界では「南蛮切《なんばんきり》溜《ため》の花入」として伝世しているものがある。一七世紀後半以降、入ってくることがなくなった東南アジアの陶磁の一部は、日本人の感性によって珍重され、茶道具に転用されたものが

図26 ● **タイ産の褐釉四耳壺**
堺では硫黄が入った状態で発見された例があるが、
転用と考えられ、本来の中身は不明。

図27 ● **ベトナムの焼締長胴壺**
同じ形で景色に富んだものを、茶の湯では
「南蛮切溜の花入」という。

少なくない（図28）。

東南アジア陶磁の「見立て」については、朱印船貿易の派遣者のなかに、茶の湯と関わりの深い堺商人がいたことも影響していると思われる。一六一五年（慶長二〇）の大坂夏の陣の火災によって焼けた堺の蔵からは、茶道具とともに多くの東南アジア陶磁が出土しているが、これらもまた、長崎発の朱印船貿易によってもたらされたものであろう。

キリシタンの町

長崎は、開港と町建て当初からイエズス会との関わりが深く、寄進された六町が豊臣秀吉から没収された後も、布教の拠点として栄えていた。一七世紀の初頭には、人口一万人前後であったが、多くはキリシタンで、一一の教会が建ち並んでいた。だが、こうした状況は長く続かず、全国に出された禁教令によって、一六一四年（慶長一九）に長崎の教会のほとんどは破壊され、一六二〇年から三〇年代にかけての強制的な転宗政策によって、長崎のキリシタンは姿を消した。

長崎の発掘調査が進むにつれて、キリシタンに関連する発掘成果もふえている。教会の発掘

図28 ●ベトナム産の青花（せいか）
茶の湯では「安南染付（あんなんそめつけ）」として珍重されている。

図 29 ● **サントドミンゴ教会跡の敷石遺構**
長崎代官の村山等安から土地を寄進され、1609 年に教会がつくられたが、1614 年に破壊された。

図 30 ● **立山で出土した花十字瓦**
それまで散発的に出土していた花十字瓦は、サント・ドミンゴ教会跡で大量に出土したことで、教会で使用されていたことが明らかになった。

図 31 ● **大村町出土のメダイ**
ヨーロッパ製で「十字架のキリストと聖マリア、ヨハネ」が表現されている。

例としては、勝山町《かつやままち》のサント・ドミンゴ教会があり、回廊のように敷かれた石畳がみつかり（図29）、十字架をあしらった花十字瓦（図30）とよばれる軒丸瓦が八十数点も出土している。また旧町域でも、ロザリオ・メダイ（図31）・クルス・聖骨箱などの聖具が、あちこちで出土し、長崎がキリシタンの町であったことを裏付けている。

このようなキリシタンに関連する遺物は、信仰の中にあっては基本的に棄てられることはなかったと考えられ、教会の破壊とそれに続く転宗政策によって、棄てることを余儀なくされたものであろう。

図32 ● 内下町出土のヴェネツィア・ガラス
ラティモ（乳白色ガラス）を透明ガラスに熔着させて、美しい白線を表現している。

ヨーロッパ産の遺物

長崎には、ヨーロッパ船が入港していたことから、西洋の品々があふれていたというイメージがある。確かに、オランダ人の居留地であった出島では、多彩なヨーロッパ産の遺物が出土しているが、ポルトガル船が入港していた時代にはそれほど多くはない。多くは、財力のある領主層のもとへ通過したためであろう。

数少ない出土例のなかではガラス製品の出土が注目される。内下町《うちしたまち》は六町に隣接して一六世紀末にできた町であるが、一七世紀前葉の焼土層からヴェネツィア系のガラス製品が出土している。ゴブレットとよばれる脚付《きゃくつ》きの杯《はい》で、上下方向に白い縞《しま》模様がめぐる瀟洒《しょうしゃ》なものである（図32）。国内ではこれまでのところ、長崎の袋町《ふくろまち》で脚部が出土した類例があるのみであり、その稀少性がうかがえる。陶磁器では、アルバレロ形壺とよばれる筒状の軟膏壺がわずかに出土しているほか、ドイツのライン川流域で焼かれた炻器《せっき》とよばれる把手《とって》付きの壺がある。

こうしたヨーロッパ製品に加えて近年、かつて教会や墓地があったとされる長崎の立山で、スペイン製のオリーブオイル壺が出土した（図33）。丸底で球形、かえしのついた小さな注口をもち、黄色い釉がかかった壺で、一六〇〇年にフィリピン沖で沈没したスペイン船のサン・ディエゴ号から引き揚げられた例がある（図34）。

図33 ● **立山出土のオリーブオイル壺**
写真では一個体にみえるが、口縁部と胴部は離れた場所から出土しており、別個体である。国内では、はじめて出土が確認された。

フィリピンのマニラは、長崎と同じ一五七一年にスペインによって建設された町であるが、マカオとマニラの間は、一五八二年から航路が開けており、マカオを経由して長崎に運ばれたものであろう。

当時の日本でオリーブオイルを何に使ったのか興味はつきないが、食用としてよりも宗教的な意味合いが強かったのではないかと考えている。キリスト教においてオリーブオイルは、洗礼や死者を葬る際に額に塗るなど、儀式で象徴的な役割を果たすことが知られており、キリシタン時代の長崎でも同じように用いられたのかもしれない。

図 34 ● サン・ディエゴ号引き揚げオリーブオイル壺
1600 年にフィリピン沖で沈没した。スペイン製とされているが、航路で結ばれたメキシコ製の可能性もあると指摘されている。〔National Museum of the Philippines〕

3　出島とオランダ貿易

短かったポルトガル時代の出島

一六三六年（寛永一三）、長崎の市中に雑居していたポルトガル人は、有力町人の出資により築造された人工島の出島に収容された。そして翌年の島原の乱をはさんで、一六三九年（寛永一六）にポルトガル人は国外へ追放されたため、出島におけるポルトガル時代はわずか三年で終わった。文献史料が少ないこともあり、この時期の出島については目立った研究はないが、近年の出島における発掘調査によって、おぼろげながら手がかりが得られている。

出島では、原則としてオランダ商館時代の建物が復元される一九世紀初頭より古い時代の発掘調査はおこなわれていないが、出土した遺物のなかには、類例との比較から、ポルトガル時代のものではないかと考えられる遺物が含まれている。

その代表的なものとして、先にも紹介したタイ産の褐釉四耳壺をあげることができる。国内では、一五世紀代のものが主体である沖縄を除き、一六世紀後半から一七世紀前半の遺跡から出土する例が多く、その分布の中心は長崎である。

すでに述べたように、東南アジア産物ともっとも関わりが深かったのは朱印船であると考えられるが、一七世紀前半ごろのアジア各地の沈没船からみて、タイ産の四耳壺はかなり一般的な運搬容器であったようである。したがって、ポルトガル船がこれらを出島に持ち込んだ可能性は十分にありうる。もちろん、平戸から引っ越したばかりのオランダ人によって持ち込まれた可能性も否定できないが、平戸オランダ商館跡での出土状況をみるとごく少く、一七世紀前半の長崎での豊富な出土状況とあわせると、ポルトガル船との関わりがより深いと考えられる。

出島ではこのほかベトナム産の焼締壺やカラック・ウェアとよばれる中国産の磁器などの一七世紀前半頃の陶磁器のほか、ヴェネツィア系のガラス製品も出土しており、ポルトガル時代のものである可能性がある。

オランダ時代の出島

ポルトガルに代わって西洋との貿易の窓口になったのはオランダであった。出島オランダ商館における貿易は、一七世紀においては、毎年

図 35 ● オランダ商館時代の出島図
1663 年の寛文大火後の長崎を描いたとされる「寛文長崎図屏風」のなかの出島。三艘のオランダ船がみえる。

平均五、六艘のオランダ船の入港を基本としていた。商館には、カピタンとよばれる商館長のほか、副商館長（ヘトル）、台所役、蔵役、医官、筆者など一〇人ほどが勤務していた。輸入品は、生糸や織物、輸出品は銀・金・銅や陶磁器が多かった。

オランダ商館の復元にともなう発掘調査は、島の西側と南側の建物と石垣を中心におこなわれている（図36）。

西側建物は、一九世紀前半の絵図では、オランダ商館長住居、副商館長住居のほか、砂糖や蘇木《そぼく》などの輸入品を保管した一・二番蔵などにあたるが、それぞれ描かれた場所で建物の礎石列がみつかっている。出島の建物は、伝統的な日本家屋であったが、発掘終了後は絵図などを参考として、もとの位置に復元がおこなわれている。

人工島であった出島の周囲は、護岸石垣で囲まれていたが、明治になって周囲が埋め立てられ、北側は中島川の変流工事にともなって削られてい

図36 ● 整備が進む出島
図35と同じアングルからみた現在の出島。周囲は埋め立てられているが、19世紀の建物が復元されている。

る。発掘では、埋め立てられた南側と西側の護岸石垣をふたたび掘り出し、保存することでかつての島のかたちをよみがえらせた。

オランダ商館ならではの出土品

発掘調査では多くの遺物が出土しているが、商館員らの生活に関するものと、流通過程の商品とに大別できよう。

前者としては、ヨーロッパ産のクレーパイプ、ボトル・ガラス杯類のほか、日本産を含む碗や皿などの陶磁器がある。クレーパイプは長崎の旧町域においても若干出土するが、出島では数千本単位でまとまって出土しており（図37）、日常的に使われていたことがうかがえる。ボトル・ガラス杯類も、国内における出土の中心である。ボトルは、半球形のワインボトルが主体であるが、角形のジンボトルも出土している。ガラス杯では、一六〜一七世紀のヴェネツィア系、一七〜一八世紀のオランダやドイツのものなどさまざまな種類が出土している（図39）。このほか、食生活を直接的に示すものとして、ウシを最多とする獣骨類も出土している。イノシシ・シカと続き、肉類を主体とするオランダ人の食習慣を裏付けている。

一方、オランダ商館の業務であった貿易を示す発掘成果は、陶磁器に限られてしまう。

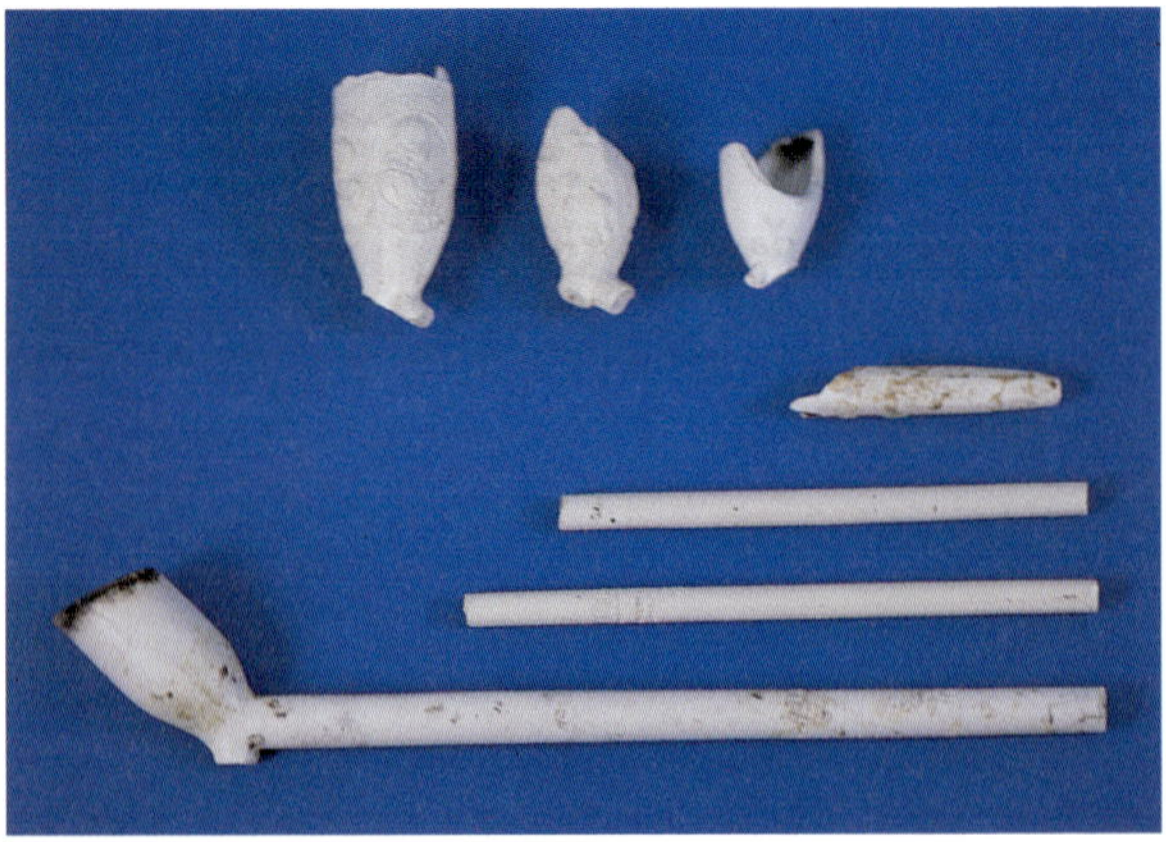

図37 ● 出島出土のクレーパイプ
クレーパイプとは、オランダのゴーダ地方でつくられた石膏製のパイプのこと。折れやすく、長持ちしなかった。

図 38 ● クレーパイプを吸うオランダ人
「阿蘭陀人之図」より

図 39 ● 出島出土のガラス製品
上はフリューゲルグラス、下はレーマー杯とよばれる。オランダやドイツでつくられた。

これは出島が生産地と消費地をつなぐ中継地であったことにもよるが、火災などに見舞われた場合でも、輸出品の銀・銅などの金属は燃えず、再利用して輸出が可能な一方、生糸や香料などの輸入品は燃えて残らないため、結果的に陶磁器のように、燃えず、割れても再利用できないものに限られてしまうからである。

その点で一七世紀中ごろから海外輸出された肥前陶磁は豊富に出土している。

東南アジアやヨーロッパ向けの染付《そめつけ》が出土しているほか、ヨーロッパで珍重された柿右衛門様式の鉢などの高級品もみられる。一八世紀前半のものとしては、ヨーロッパ向けの色絵の蓋付き大壺や、VOCの発注とみられる「VOC」と記された大皿などが出土している。

近代への激流と出島

江戸時代の二〇〇年をこえる出島とオランダの関わりは、その後半に大きな変化を迎えることになる。一

図 40 ● 慶応期の築き足し
幕末の築き足し部は、出島西側の現在の国道 202 号線にあたる。写真は交通量の少ない夜間の調査で確認された護岸石垣。

七九九年（寛政一一）、それまで貿易を担ってきたオランダ東インド会社が解散し、出島の商館はバタヴィアの植民地政府の直轄となるが、オランダ本国もナポレオン戦争の影響を受けて、一八一六年（文化一三）までオランダ船の来航が中断した。そして安政の開国以後、出島には一八五九年（安政六）にオランダ領事館が置かれたが、一八六六年（慶応二）には外国人居留地に編入された。

幕末の出島では幾度かの築き足しがおこなわれているが、発掘調査によって、拡張された護岸石垣がみつかった（図40）。この時期の遺物として注目されるのは、出島の南側石垣から出土した大量のコンプラ瓶である（図41）。

海外へ酒や醤油を輸出する際に詰めた磁器製の壺で、胴部に「JAPAN SCHZAKY」（日本の酒）、「JAPAN SOYA」（日本の醤油）などとアルファベットで書かれている。伝世するコンプラ瓶の古い形のものには「1821」と記されたものがあり、一九世紀前半ごろには酒や醤油の容器として焼かれたと考えられている。出島の出土したコンプラ瓶は、各地の出土例から、居留地が成立する幕末ごろのものと推測される。

図41 ● 出島出土のコンプラ瓶
おもに長崎県・波佐見（はさみ）の窯で焼かれたが、中身の酒や醤油がどこのものだったのかは解明されていない。

4 唐人屋敷と中国貿易

唐船と唐人屋敷

一六八九年（元禄二）、出島に後れること五〇年、市中に滞在・雑居していた中国人は、市街の南東部の十善寺郷《じゅうぜんじごう》につくられた唐人屋敷（図42、21参照）に収容されることになった。多い時には五〇〇〇人に達した唐人は、唐人屋敷への滞在を強いられ、遊女などを除いて外部との接触を禁じられたのである。

唐船は、多い年で年五〇艘ほどが入港しており、商品は、方形の人工島につくられた新地《しんち》唐人荷蔵《とうじんにぐら》に保管された。輸入品としては、福建・広東からの船は生糸や毛織物、東南アジアからの船は、更紗《さらさ》、鼈甲《べっこう》、香料などであった。輸出品は、初期は銀、後には銅が主体を占めた。

幕末まで続いた唐人屋敷は、一八七〇年（明治三）の大火災の後に市民に分譲され、現在では一般的な住宅地となっている。外周を囲んでいた堀および居住区の区割りや石垣の一部については、現在でも確認することができ（図43）、絵図とも一致している。

唐人屋敷の生活をさぐる

唐人屋敷の南東部でおこなわれた発掘調査では、東西に平行して伸びる二条の堀がみつかっている。南側の二号堀は、残存する外周の堀の延長にあたるが、二〇メートルほど北側の一号堀（図44）は延長すると天后堂に突き当たることになる。このため一号堀は、天后堂が現在の位置にできる前の古い時期のものであると考えられている。出土した遺物の年代から、一号堀は一八世紀の前半ごろまでには埋まり、二号堀は同じ時期に掘られたことがわかった。

調査を担当した宮下雅史は、長崎聖堂の書記であった田辺茂啓《もけい》が旧記をもとに編纂し、その後奉行所が幕末まで書き継いだ、長崎の正史ともいえる歴史書『長崎実録大成』に、一七三六

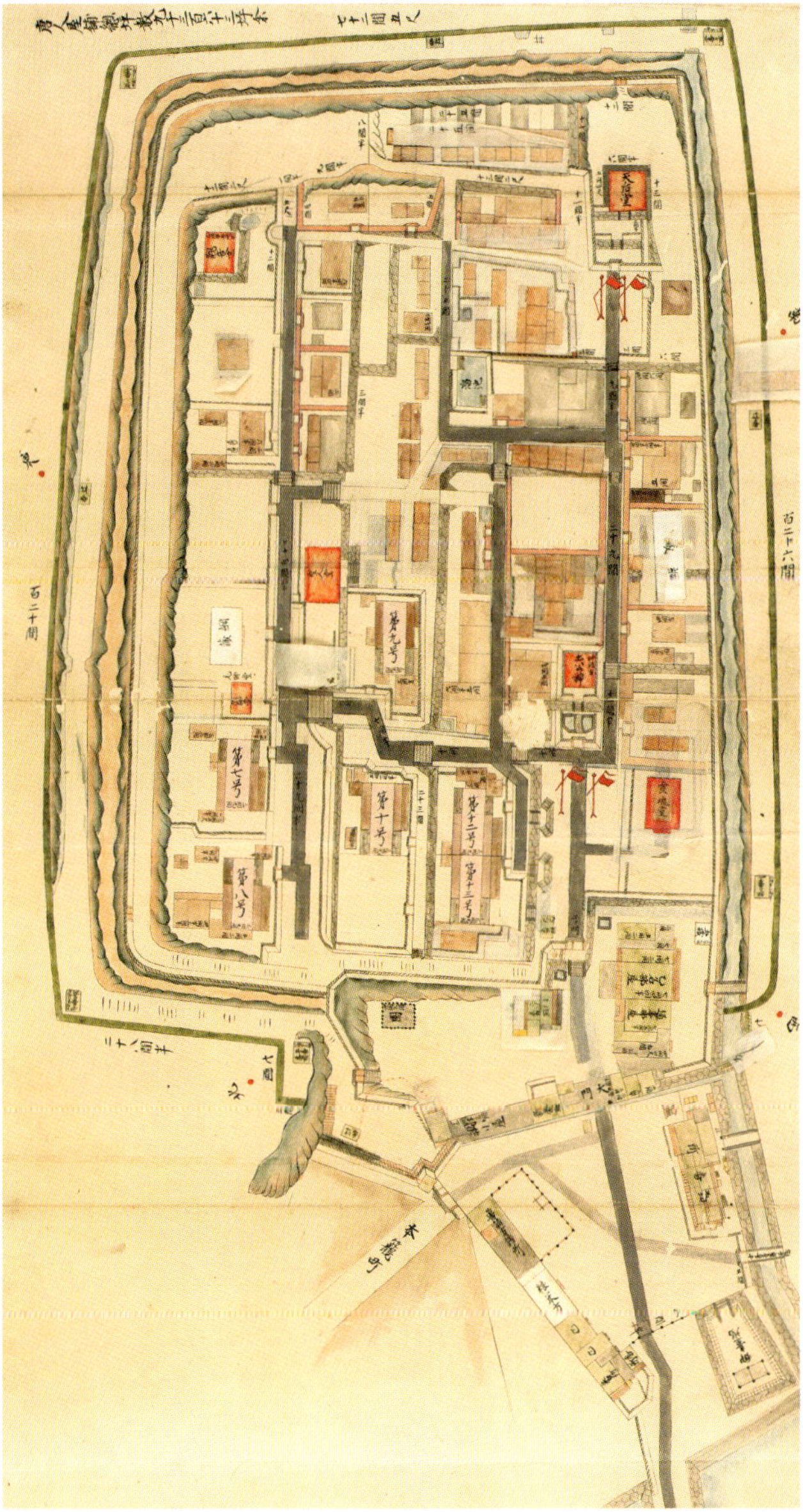

図42 ●唐人屋敷（「長崎諸官公衙図」）
19世紀初頭の様子。外周を堀で囲み、出入りは西側（写真右下）一カ所に限られていた。赤い建物は「天后堂」「観音堂」などの祭祀堂で、周囲に住宅がひろがっている。

図 44 ● 発掘でみつかった北側の一号堀
図 45 左の絵図の丸囲み付近の堀と考えられる。後に埋められた。

図 43 ● 現在も残る唐人屋敷南側の堀
拡張後の堀は、現在も残っている。天后堂の南側付近。

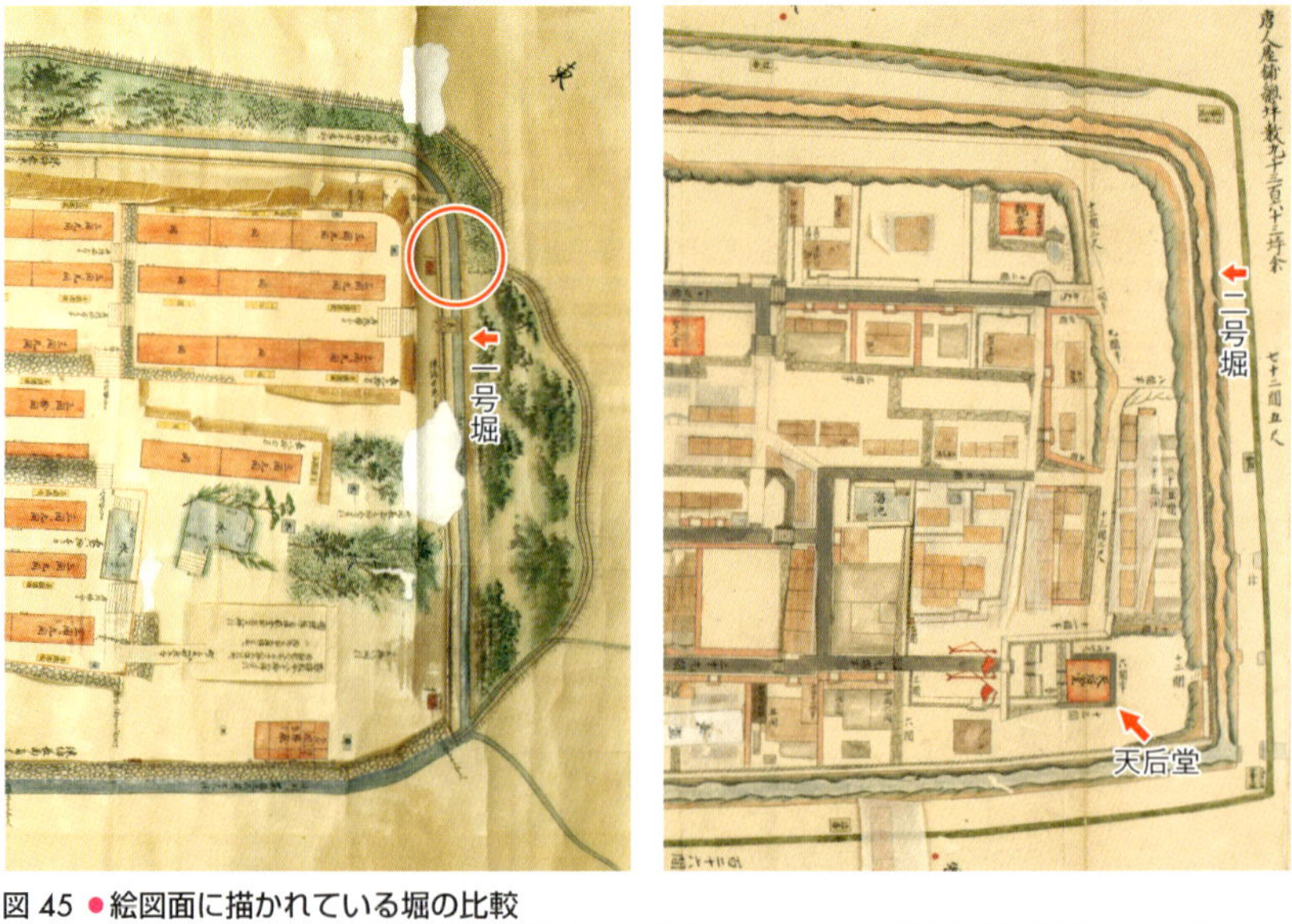

図 45 ● 絵図面に描かれている堀の比較
左は 17 世紀末～18 世紀初頭（「唐人屋敷図」）の、右は 19 世紀初頭（全体は図 42）の唐人屋敷の南側部分。右では、堀が南（写真の右方向）へ移動し、天后堂がつくられている。

年（元文元）、唐人屋敷の南側の拡張をおこなった記録があることから、ふたつの堀は造成工事にともなって付け替えられたと推測している。天后堂やその東側の階段を鍵に、初期の唐人屋敷を描いた『唐人屋敷図』と一八〇八年（文化五）に描かれた『長崎諸官公図』を比較すると、堀の位置の変化が明瞭にわかる（図45）。発掘成果と、文献記録・絵図の変遷が一致する貴重な調査事例ということができよう。

　ふたつの堀からは数多くの遺物が出土しているが、とりわけ一号堀から出土した遺物は、一八世紀前半という年代下限を示す

図46 ●一号堀出土の中国陶磁
清朝磁器とよばれるが、文字どおり中国人が使用したものである。

図47 ●唐人屋敷出土の壺
このような壺は現在でもつくられており、中華街でよくみかける。

ことから重要な資料であるといえる。出土した陶磁器は一万点を超えるが、中国産と国産の割合はおよそ半々となっている。ただし、磁器に限れば中国産が九割を超えることから、日常で使用する食器については、ほとんどが中国から持ち込まれていることがわかる。碗・皿が主体であるが、当時の和食では使われなかった鉢や散蓮華《ちりれんげ》が多く出土しており、屋敷内における食生活の一端がうかがえる（図46）。食器のほかでは、酒などの液体の容器として中国から運ばれた褐色や緑灰色の釉をかけた壺類（図47）がある。

新地唐人荷蔵の石垣

新地唐人荷蔵は、中国人が唐人屋敷に収容された時に、貿易品を保管する倉庫として出島の隣に新たに設けられた方形の人工島である（図48・21参照）。出島と異なるのは、居住と倉庫の場所が離れている点であるが、これは滞在するオランダ人がせいぜ

図48 ●新地唐人荷蔵の絵図
海上の方形の人工島で、蔵が建ちならんでいる。丸囲みの部分が発掘された石垣（図49）にあたる。

い十数人であるのに対し、中国人は数千人にのぼり、扱う貿易品の量も多かったことが理由であろう。倉庫は、運搬の利便性や火災を避ける観点から海に面した位置に必要であった。

明治維新後、新地唐人荷蔵は、出島と同様に周囲が埋め立てられてその形を失ったが、北側は変流された銅座《どうざ》川に面し、中華街として再開発されたかつての倉庫街とともに面影を伝えている。

発掘調査では、埋め立てられた東側の護岸石垣がみつかっているが（図49）、存在が明らかな倉庫群について、出島のような発掘調査がおこなわれていないのは残念である。

図49 ● 新地唐人荷蔵の東側護岸石垣
手前、発掘であらわれた石垣より奥がかつての島にあたる。現在の新中華街である。

5　港市の要・長崎奉行所

長崎奉行所の設置

長崎奉行は、イエズス会領となっていた長崎を秀吉が没収し、一五九二年（文禄元）、寺澤志摩守を任じたことにはじまり、六町の北側に隣接する本博《もとはか》多町《たまち》に奉行所が置かれた。たびかさなる火災でその場所は変わり、寛文大火による焼失を経て、最終的には、岬の先端に西役所、立山の山裾に立山役所（東役所）が並立する形となった（**図21参照**）。立山役所は、一六七三年（延宝元）に設置され、以後、幕末まで続いた。

長崎奉行の役割は、天領長崎の司法・行政を統括し、長崎貿易の管理、キリシタンの禁圧、外交など多岐にわたる。奉行は旗本クラスが任命されることが多く、莫大な余得収入があった。時代によって変遷はあるが、江戸在勤を合わせて二人の長崎奉行がおり、一年ごとに交代した。

キリシタン時代の立山

長崎奉行所が置かれる前の立山には、イエズス会宣教師の報告文やアビラ・ヒロンの記述などから、「山のサンタ・マリア」とよばれた聖堂と「サン・ミゲルの墓地」があったと推測されており、その実証も発掘調査の大きな課題のひとつであった。

確認されたもっとも深い最下層では、一六世紀の終わりから一七世紀初頭にかけての瓦や陶

図50 ● 立山の最下層でみつかった掘立柱建物跡
全面にひろがる丸い穴が柱穴。小規模な建物と推測される。手前の井戸と右手の石垣は後世のもの。

磁器が出土した。瓦には、教会に葺かれたとされる「花十字瓦」が七点含まれており（図30参照）、メダイやロザリオと考えられるガラス玉などキリスト教に関連する遺物も出土した。

遺構としては、掘立柱建物（図50）と石組みの地下室のほか、石組みの側溝をもつ玉砂利敷き遺構（図51）がみつかっている。石組みの地下室は、隣接するサント・ドミンゴ教会跡でも確認されているが、聖堂そのものと考えられる遺構は確認されてはいない。

聖堂があったと推測されるのは、後に奉行所の主屋が置かれた場所であるが、近代の建物基礎で遺跡が破壊されていたため、完全な実証は不可能であった。したがって、発掘成果はキリシタンに関連した「何か」の存在を間接的に示すとはいえ、状況証拠の域を出るものではない。

小聖堂へ続く道

そうしたなかで、玉砂利敷きの遺構については、気になる文献史料がある。一六〇一年のイエズス会年報に、「町から墓地へ、又墓地から聖母の小聖堂まで行く道は、新しく舗装され、きれいな良い道となった。この工事は数人のポルトガル人と信者で負担することになっている」とある。斜面でみ

図 51 ● 玉砂利敷き遺構
人が立っているのが玉砂利敷きの部分。
右側の石列が石組みの側溝。

つかった玉砂利敷きの遺構は、石組みの側溝をもつ道路であったとも考えられ、「新しく舗装された道路」の記述と対応する可能性もある。

　玉砂利敷き遺構は、ある時期に分厚い土層に覆われ、石垣をともなう造成によって完全に埋められてしまっていた。この造成の時期は、陶磁器の年代から一七世紀の初めごろと考えられた。文献史料では一六一四年(慶長一九)、前年に全国に出された禁教令によって、立山の「切支丹寺」が破壊された記録がある。付近に聖堂があったとすれば、破壊の後におこなわれた造成であるのかもしれない。

　あるいは、一六三〇年(寛永七)に岩原村に開創されたという春徳寺が同地にあった可能性もある。春徳寺は、敷地が狭いという理由で一六四三年(寛永二〇)に、現在の夫《ふう》婦《ふ》川に移転したという。「寛永長崎港図」(写本)をみると、付近には南北にのびる石垣がみえるが、建物は描かれていない(図52)。石垣は、寛永ごろまでには成立していたと推測され、同図が春徳寺の移転後の状況を伝えるものと考えれば矛盾がないが、現時点では推測の域を出ない。

図 52 ●「寛永長崎港図」の立山
矢印の箇所が立山役所が置かれる場所。
寛永期にすでに石垣が描かれている。

井上屋敷時代、松浦家時代

立山には、『井上氏系譜』（下総町史）などの文献から、幕府大目付であった井上筑後守政重が長崎に下向した際の屋敷があったことがわかっている。一六四八年（慶安元）に「玄関書院長屋台処料理之間馬屋風呂屋迄建申候」とあり、かなりの規模の普請であったようだが、寛文ごろまでには取り壊されたという。発掘調査では、瓦や陶磁器などこの時代のものがみられるが、遺構については、後の時代のものとの区別が難しく、明確にすることができない。

平戸松浦家に伝わる『御家世伝草稿』（松浦史料博物館所蔵）によると、長崎の寛文大火の後、焼失した長崎奉行所（西役所）を松浦家が建て替えた記録がある。さらに「立山御屋敷ニ苫仮屋ニて此の方之御役人被召置候由立山名水樋口切石ニて被成召置候」、すなわち立山の苫仮屋《とまかりや》に役人を置くので、立山の水を汲むための水樋を切り石で造ったというのである。発掘調査では、石組みの溝が確認されており（図53）、後述の初期奉行所時代にかけての水樋であった可能性もある。

図 53 ● **石組みの溝**
「名水」の流れる水路であったのだろうか。

立山役所の大改造

長崎奉行所の発掘で大きな鍵となったのは、文献史料にみられる「享保の大改造」が確認できたことであった。大改造とは、『長崎実録大成』にみえる「享保二年（一七一七）より翌年まで残らず作り替え仰せ付けられ、屋敷中地形高低なく引均し、本屋長屋全く造り替え之を仰せ付く」という記録のことである。

発掘を開始した時点では、この大改造についての認識がなかった。ところが、発掘が進むにつれて、予想もしなかった事実が明らかになった。最初にみつかった正門階段周辺では、一九世紀に描かれた絵図のとおり、直角に折れる石垣がみつかっていた（図54）。階段と石畳をきれいに検出し、一九世紀段階の記録が終わると、石垣の段上の調査に着手した。

奉行所の主屋があった段上の敷地北側は、近代の建物基礎で奉行所時代の遺構は残っておらず、L字形に折れる東側の石垣段上についても同じような状況であった。ところがさらに深く掘り下げていくと、石垣

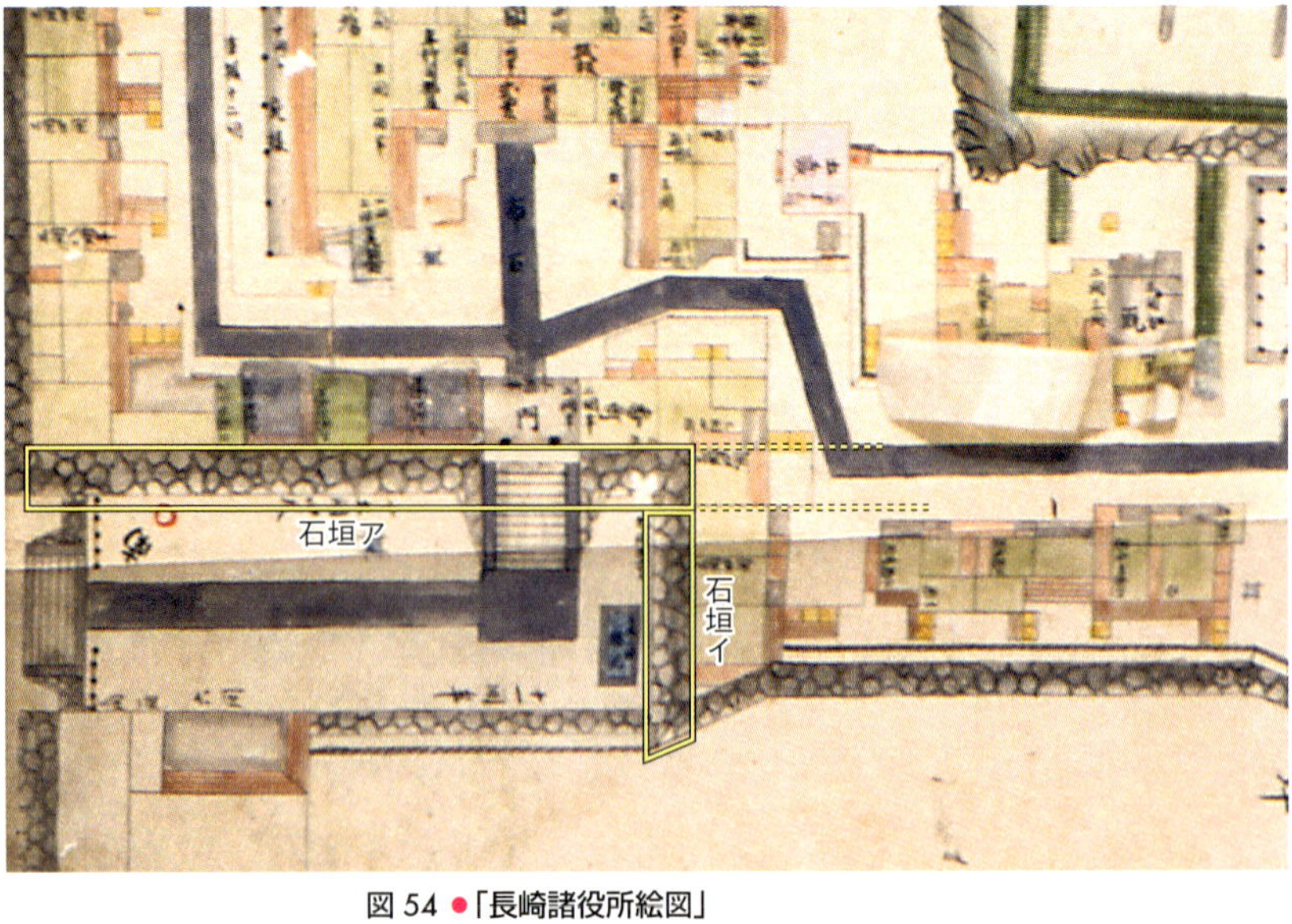

図54 ●「長崎諸役所絵図」
調査を進めると、石垣アは、さらに右に伸びていくことが判明した。石垣イは、後で積まれたものであることがわかった。

が折れて南北に伸びる部分（図54イ）は、直交する石垣（図54ア）よりも後から積まれたことがわかった。石垣アは、交わる部分で終わらずに、そのまま東へ伸びていくのである。とすれば石垣イの東側は、当初は石垣アの段下であったが、石垣イを積む際に埋め立てられたことになる。石垣の高さは、およそ四メートルで、石垣イの東側では、地山とよばれる黄褐色の土が二メートル程も堆積しており、付近の崖などを削って大規模な埋め立てがおこなわれたことがわかった。

厚い造成層を取り除くと、遺構があらわれた。採集した陶磁器を観察すると、一八世紀初頭ごろが年代的な下限で、それより新しいものは含まれていなかった。ここであらためて文献を調べ、気づいたのが一七一七年（享保二）の大改造の記事である。まさに、土地を「高低なく引均し」た状況であり、年代もぴたりと一致していた。

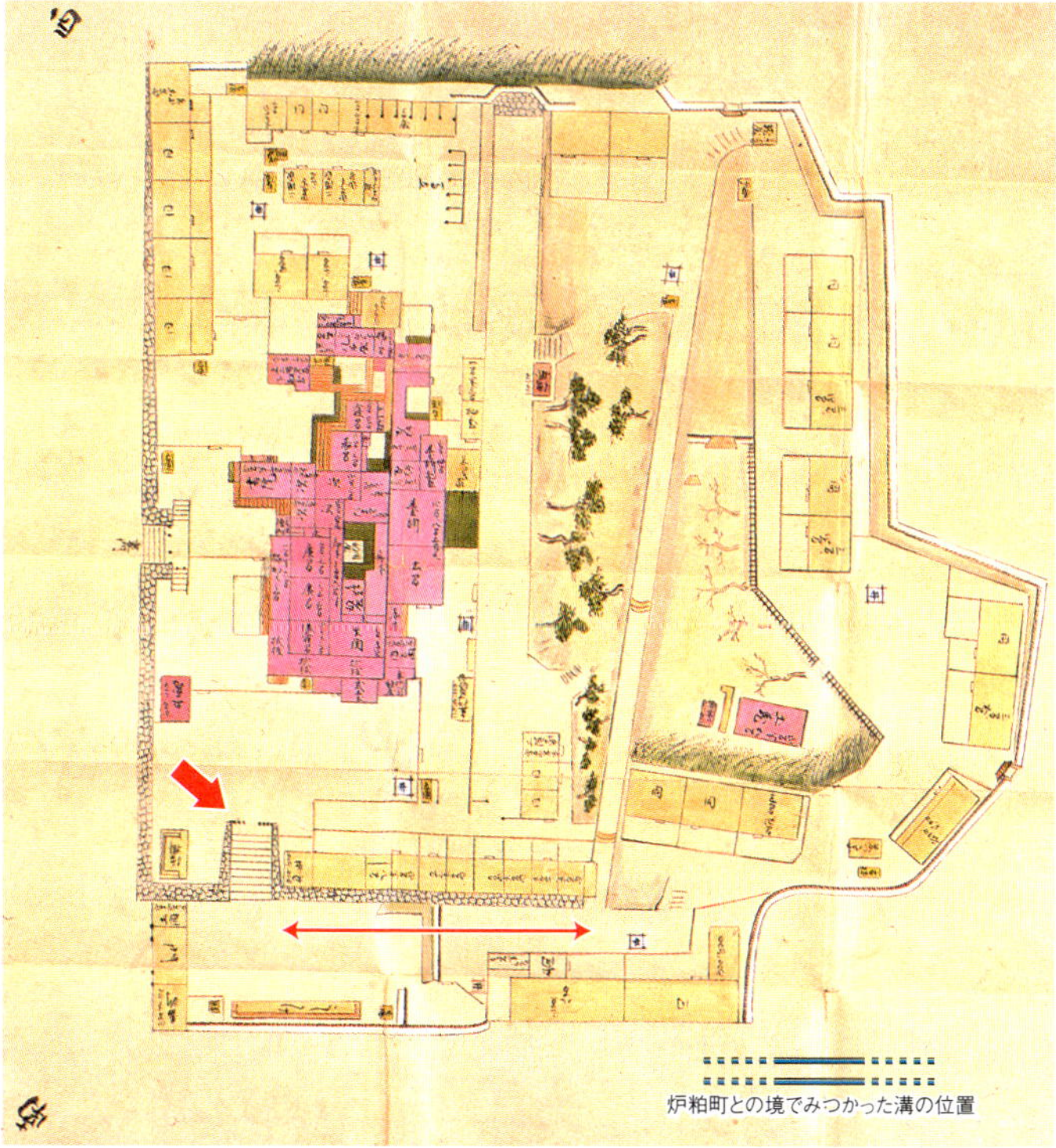

図55 ●「立山御屋鋪図」
大改造前の立山役所。正門付近の石垣は直線に伸びている。階段の位置も改造後とはちがっている。

あらわれた初期立山役所

ていねいに発掘を進めていくと、建物の礎石、石組みの溝、石塀、井戸などがつぎつぎとみつかった。建物の間の屋外と思われる通路部分には、玉砂利が敷いてあることも判明した。

問題は、調査時点で初期の立山役所の絵図を入手しておらず、状況的にはそれが初期の立山役所に関連する遺構であるとわかっても、実証するかたちで調査がおこなえないということにあった。調査後の立山役所復元のために、多くの絵図が集められていたが、そのすべては改造後の様子を伝えるものであったのである。それだけに、後にあるきっかけで、神戸市立博物館が所蔵する「立山御屋鋪図」（図55）をみた時の驚きは大きなものであった。そこには、石垣が一直線に伸びる初期立山役所の姿が描かれていたのである。

あらためて発掘成果と比較すると、みつかった建物跡は東西に伸びる長屋であることがわかり、石塀や井戸の位置も一致していた。ただし、石組みの溝などは描かれておらず、発掘のみから得られた成果であるといえる。また、発掘では東側ほど標高が高いスロープになっており、途中で石垣アが終わることでも一致した。出土遺物からみると、これらの遺構の一部は松浦家の苫仮屋時代から引き続いて使用されたと考えられる。

図56 ● 富岡城から長崎方面を望む
海を隔ててみえるのが島原半島。左手奥が長崎方面。

富岡城の瓦

遺物においても文献と一致する大きな発見があった。出土した瓦の文様を調べていた伊藤敬太郎と安村健の検討により、天草の富岡城出土の瓦と同じものがあることが判明したのである。

富岡城（図56）は、長崎の東側にある茂木《もぎ》港の対岸の熊本県天草郡苓北《れいほく》町にあり、天草・島原の乱で一揆軍に包囲されたが、これを撃退した城として知られている。一六六四年（寛文四）に富岡城へ入った戸田氏は、城の維持管理が領民の負担となっていることを理由に、一六七〇年（寛文一〇）に、三の丸を陣屋として残し、本丸と二の丸を破却して廃城とした。

一八世紀はじめに長崎奉行の大岡清相が書いた『崎陽群談《きようぐんだん》』によれば、一六七三年（延宝元）に立山役所が置かれた際の記録として、「西屋鋪の内、東屋鋪引取家出来、門長屋ハ天草の城はかれ之古道具有之候を申上当地へ受取候」とある。すなわち、「戸田の破城」で不要となった富岡城の資材を運んだことが記されているのである。

初期立山役所からは、寛永一五―一八年（一六三八―四一）に富岡城主だった山崎家の家紋入りの軒丸瓦（図57）も出土して

図 57 ● 初期立山役所から出土した瓦と富岡城から出土した瓦
上は、寛永期に富岡城主だった山崎家の家紋入り瓦。
下は、330 年ぶりに再会した軒丸瓦（左：立山役所、右：富岡城）。

おり、文献の記述をあらためて裏付ける重要な発見となった。

調査途中のある日、出土した瓦を持参して茂木から対岸の天草へ渡り、苓北町教育委員会のはからいで富岡城出土の瓦との比較をおこなった。その結果、六種類の瓦が同じ型からおこしたもの（同笵《どうはん》という）であることが確認された。両者は、三三〇年ぶりに再会したことになる。

富岡城から運ばれた瓦は、立山役所の歴史を伝えるものとして出土品から型をおこし、復元された蔵に葺かれている。

初期立山役所の生活

立山役所の南東側の敷地境では幅約五メートル、深さ約一・五メートルの溝がみつかった（図58）。この溝は、位置としては立山役所の東側段下の炉粕町《ろかすまち》に含まれるが（図55参照）、出土した陶磁器の年代から享保の大改造とほぼ同じころに埋められたことがわかった。大量の木材を含んでいたことから、段上の長屋などの解体にともなって廃材や不要となった物を棄てたのだろう。

溝からは、大量の遺物が出土したが、水分が多いこともあって、とくに木製品が良好な状態で残っていた。なかでもさまざまな種類の下駄が出土したことは驚きであった。大きさからみ

図58 ● 炉粕町との境でみつかった溝
左手（東）から右手（西）へ流れるように段差が設けてある。
壁の断面にみえる黒いものが、溝を埋めた廃材などの木材。

図 59 ● **陶磁器の基本セット**
後方左：現川窯、同右：内野山窯、前方左：京焼風陶器、
同中：肥前染付雨降り文碗、同右：肥前染付分銅文皿。

図 60 ● **中国・宜興窯の急須**
17 世紀後半〜 18 世紀初頭の長崎では、煎茶が本格的に
おこなわれていたことを示すものであろう。

ると、成人男子はもちろん、女性や子どものものもあり、漆塗りのものも少なくない。あるいは、奉行所の大改造にともなって、段下の炉粕町の町屋の建て替えがおこなわれたのかもしれない。さらに、屋号が記された木札もみつかっている。「みそ」「しお」などと記されたものがあることから、役所に納入された食べ物の荷札であろうか。下駄と同様に生活感あふれる遺物である。

食卓で使われた食器としては、肥前各地の窯で焼かれた陶磁器が良好なセットで出土している（図59）。基本セットは、染付磁器・京焼風陶器・緑釉陶器・刷毛目陶器である。量からみて、嬉野《うれしの》の内野山窯や長崎近郊の現川窯《うつつがわよう》などにまとまって注文されていたと考えられる。加えて中国・宜興窯《ぎこうよう》の急須もまとまって出土している（図60）。これらは肥前産の染付磁器の小杯と組み合わせて煎茶に用いられたのだろう。

よみがえった長崎ビードロ

意外な発見もあった。木製品や陶磁器に混じって、溝の中からストロー状の管の先端がラッパのように開く奇妙な形をしたガラス製品が出土したのである（図61）。

形から想像されるのは、喜多川歌麿の有名な版画「ビードロを吹く女」で知られるガラス製玩具の「ポッペン」であった。ガラスにくわしい神戸市立博物館の岡泰正に話をうかがうと、比重測定の結果から、日本製の吹きガラス製品としてはもっとも古い一八世紀ごろの値を示し、ポッペンに間違いないという。

溝が埋まったのが享保年間（一七一六―三六）ということから考えると、使用年代は一七世紀の後半にまでさかのぼり、一七世紀後半に生産がはじまったといわれる「長崎ビードロ」のもっとも古い作例のひとつではないかというのである。ポッペンが全国的に流行するのは一八世紀後半以降であり、歌麿の版画も一九世紀に入ってからのものである。つまり、このガラス製品はもっとも古い、「長崎ビードロのポッペン」となる。

享保の大改造を年代下限とする層からは、ポッペンのほかにも長崎ビードロと考えられる吹きガラス製品が出土しており（図62）、これまで実態が不明であったわが国の吹きガラス生産の歴史に鮮やかな光をあてることとなった。

図 61 ● **ポッペン**
本来音を発する左の部分は欠損している。

図 62 ● **立山出土の長崎ビードロ**
長崎ビードロの伝世例は少ない。年代の判明する貴重な資料である。

大改造後の立山役所

享保の大改造後、立山役所は正門階段を石垣ア（図54参照）に付設し、現在復元されているような姿となった（図63）。

このかたちは基本的には幕末まで維持されたが、発掘調査は敷地内の細かい変遷も明らかにしている。敷地の東側でみつかった濠もそのひとつである（図64）。幅約三・五メートル、深さ約二メートルのその濠は、現在の県立長崎図書館の崖下付近から南側に約二五メートルにわたって確認された。ところが、文化年間をはじめとする絵図をみても、この場所に濠などは描かれておらず、小規模な建物があるだけである。濠から出土した陶磁器を観察すると、一八世紀代の遺物が含まれていることから、なんらかの事情で埋められたのだろうか。調査時点では、さまざまな事情でそれ以上の追求ができず、正体が判明したのは、後になってからのことであった。

図63 ●復元された立山役所
階段とその下の石畳は当時のままである。後で補った部分は石の色が異なる。

『長崎実録大成』には文章だけではなく、墨描きでシンプルながら長崎の主立った場所の絵図も収められている。そのなかの立山役所の絵図を初めてみた時も目からウロコが落ちるような思いであった。

濠がみつかったその場所に、はっきり「ホリ」が描かれているではないか（図65）。さらに本文を読むと、一七五五年（宝暦五）に「用水ノ濠出来ス」とあり、濠の開削の目的と年代が判明したのである。では、一般によく知られている文化年間ごろ（一九世紀初頭）以降の絵図に描かれていないのはどうしてだろう。

図64 ● 敷地東側でみつかった濠
手前の階段で下りられるようになっている。

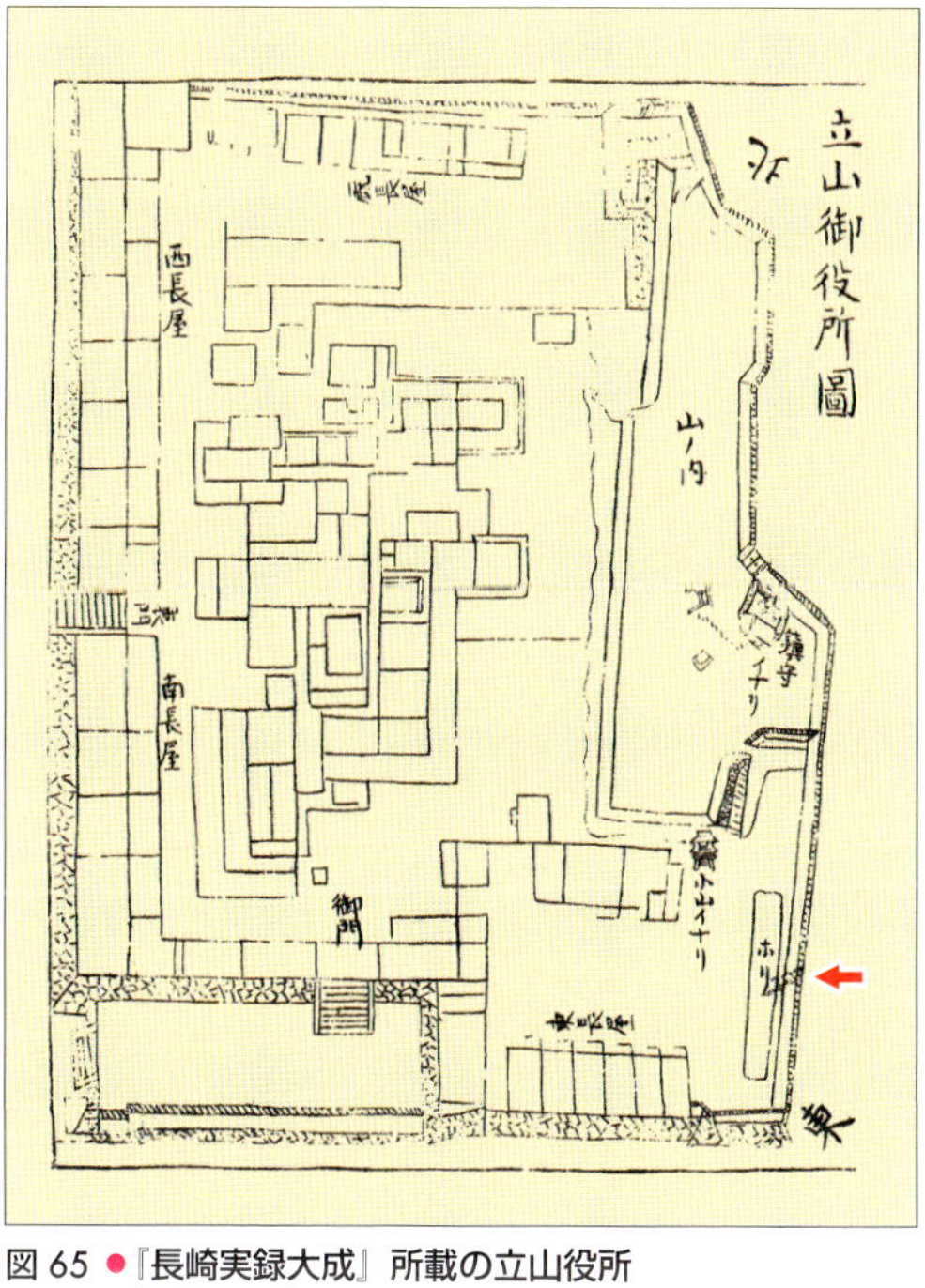

図65 ●『長崎実録大成』所載の立山役所
右手下に「ホリ」とある。改造後の図面としてはもっとも古い様相を伝える。

あらためて整理途中の陶磁器を検討してみると、濠から出土した遺物の中に「広東碗《かんとんわん》」といわれる肥前産の染付磁器が含まれていることに気がついた。この碗は高台《こうだい》（茶碗の底の支えの部分）が高いのが特徴で、一七八〇年代以降に焼かれたことが明らかにされている。

すなわち、この濠は一七五五年に開削された後、一七八〇年代以降から絵図に描かれていない一九世紀初頭までの間に姿を消したと推測されるのである。

状況証拠からここまで年代を絞り込んだ後で、あらためて『長崎実録大成』の関係のありそうな部分を読んでいくと、一七九三年（寛政五）に「東長屋建替、並長屋向住居替有之」とあるのをみつけた。濠の隣りにあった長屋を建て替えているのである。

濠を埋めるためにはかなりの土の移動が必要であり、廃材が出る建て替えは格好の関連事業ではなかっただろうか。また、この建て替えの前後には大がかりな土木工事がみられないことからも、濠が長屋の建て替えの際に埋められたことが考えられる。

図66 ● 十手
わずかに朱色の漆が残ることから、もとは赤い十手であったことがわかる。

十手を片手に飲むワイン

濠から出土した遺物は、大改造後の奉行所の様子を考える重要な手がかりである。とくに時代劇に出てくる「十手《じって》」が出土したことは、犯罪捜査を担った奉行所の性格を直接的に示す好資料であろう（図66）。この十手は、長さが約二六センチと小さく、実用というよりは、比較的上役の者がシンボルとしてもつ「飾り十手」であった。実際に出土した十手をよく観察すると朱色の漆塗りがおこなわれていたことがわかる。西部劇の保安官バッジのようなものだったのだろうか。

また溝からは、ワインボトルやクレーパイプなど、出島のオランダ人から入手したであろうヨーロッパの嗜好品がまとまって出土しており、相当に味をしめていた様子がうかがえる。

同時期の他の遺構からは、中国の景徳鎮でヨーロッパ向けに焼かれたチュリーンとよばれる洋食器も出土している（図67）。日本の食文化史では、一九世紀になると食生活に洋風化のきざしがみられるというが、世界と通じていた港市・長崎の奉行所は一足早く新しい風味を味わっていたのであろう。

図67 ●洋食器
スープなどを食卓に出すのに用いる蓋付きの洋食器。

第4章　世界航路と長崎・平戸

1　倉庫と沈没船

これまでは、長崎・平戸という港市そのものに関する発掘成果をみてきた。しかし、港市が本来もっている海外貿易港としての側面をより浮かび上がらせるためには、より広い視点から考えていく必要がある。そこで、長崎・平戸から出土した流通過程の商品に着目し、同時期に世界各地で沈没した船の積荷と比較することで、ふたつの港市が世界航路と結ばれていたことを示してみたい。

長崎と平戸のような港市では、そこで取引された貿易品が文献史料からわかる一方、商品そのものは消費地へ通りすぎるために、伝世品として残らない場合が多い。ところが発掘調査では、時として流通過程の商品がみつかることがある。

たとえば、火災で焼けた倉庫の周辺から同じ種類・意匠の陶磁器がまとまって出土することがあるが、これらは倉庫に保管されていたものが火災に遭い、その後の火事場整理などで一括して廃棄されたものと推測される。また、港に近い場所のゴミ穴などで、同じ種類の陶磁器がまとまって出土することもある。これらは商品として船から引き揚げられたものの、破損などで価値を失ったために、消費されることなく廃棄されたものと考えられる。

これらの遺物は、港市などに特有の流通過程の状態を示す資料であるということができる。

引き揚げられた沈没船の積荷

さらに同じような性格をもつ資料として、沈没船から引き揚げられた商品がある。かつての大量輸送の手段はなんといっても船であったが、商品を運んでいた船が嵐や戦闘などに巻き込まれて沈没することも多かった。

サルベージ技術が発達した今日、これらの沈没した船から積荷が引き揚げられることがある。引き揚げられた積荷を分析すると、商品の内容がわかることはもちろん、文献史料から船の出港地や目的地、沈没の年月日まで判明することもある。

これらの沈船資料は、流通過程の状況を直接知る手がかりということができるが、沈没船からの積荷の引き揚げは、オークション日的の商業サルベージでおこなわれることが多い。情報の入手は、オークションカタログなどに頼らざるをえないことが多く、発見状態や全体の構成などにおいて不十分である場合が多い。

倉庫や沈没船からみつかる商品は、資料相互や文献史料との検討をおこなうことで、実年代に加え、生産地から消費地へ至る方向性（ベクトル）の情報がわかる貴重な資料であるということができる。

近年、このような資料を生産地と消費地の間の「流通資料」と位置づけ、評価する試みが活発になっている。本章では、こうした新しい流れを踏まえ、長崎・平戸の流通資料を沈没船引き揚げ資料と比較しながら紹介していきたい。

2 長崎・平戸の流通資料

平戸オランダ商館出土の中国磁器

平戸オランダ商館の発掘調査では、第2章でふれたように、海岸を段階的に埋め立てた際の護岸石垣がみつかっているが、一六一六年に積まれたと考えられる護岸石垣の裏込め（石垣の裏側に込めるこぶし大の集石）から、同じデザインの中国・景徳鎮産の磁器が大量に出土している（図15参照）。その出土状況から、商品として船から荷揚げされた陶磁器の破損品を一括して廃棄したものと考えられる。おそらく石垣の構築以前に入港した船の積荷であったのだろう。

オランダ東インド会社（VOC）の記録では、一六一四年から一六一五年にかけて六隻のオランダ船が平戸に入港しており、うち一隻は拿捕して曳航したポルトガルのジャンク船であった。おそらくこれらの船のどれかの積荷であったのだろう。

出土した中国磁器は、型による成形で薄く、呉須《ごす》（藍色の染料）で花弁状の区画の中に花・

鳥・宝などを描くもので、欧米では「カラック・ウェア」、日本では「芙蓉手《ふようで》」や「明山手《めいざんで》」とよばれているものが主体を占めている。

セントヘレナ島で沈んだオランダ船

一方、これらとかなり近い内容の陶磁器が引き揚げられた沈没船がある。後にナポレオンが流されたことで知られる南大西洋のセントヘレナ島（図8参照）で、一六一三年に沈没したオランダ船、ヴィッテ・レーウ号（白いライオン号）である。

ヴィッテ・レーウ号は、香料（モルッカ）諸島からバンテンを経由してオランダへ向かっていたが、ポルトガル船との交戦の結果、海底へと沈んだ。ちなみに、この交戦でヴィッテ・レーウ号とともに戦ったオランダ船のフリッシンゲン号はその後も活躍し、一六一七年に平戸に入港している。

考古学者ロベール・ステニュイが一九七六年におこなった調査で、海底で確認されたのは大量の胡椒

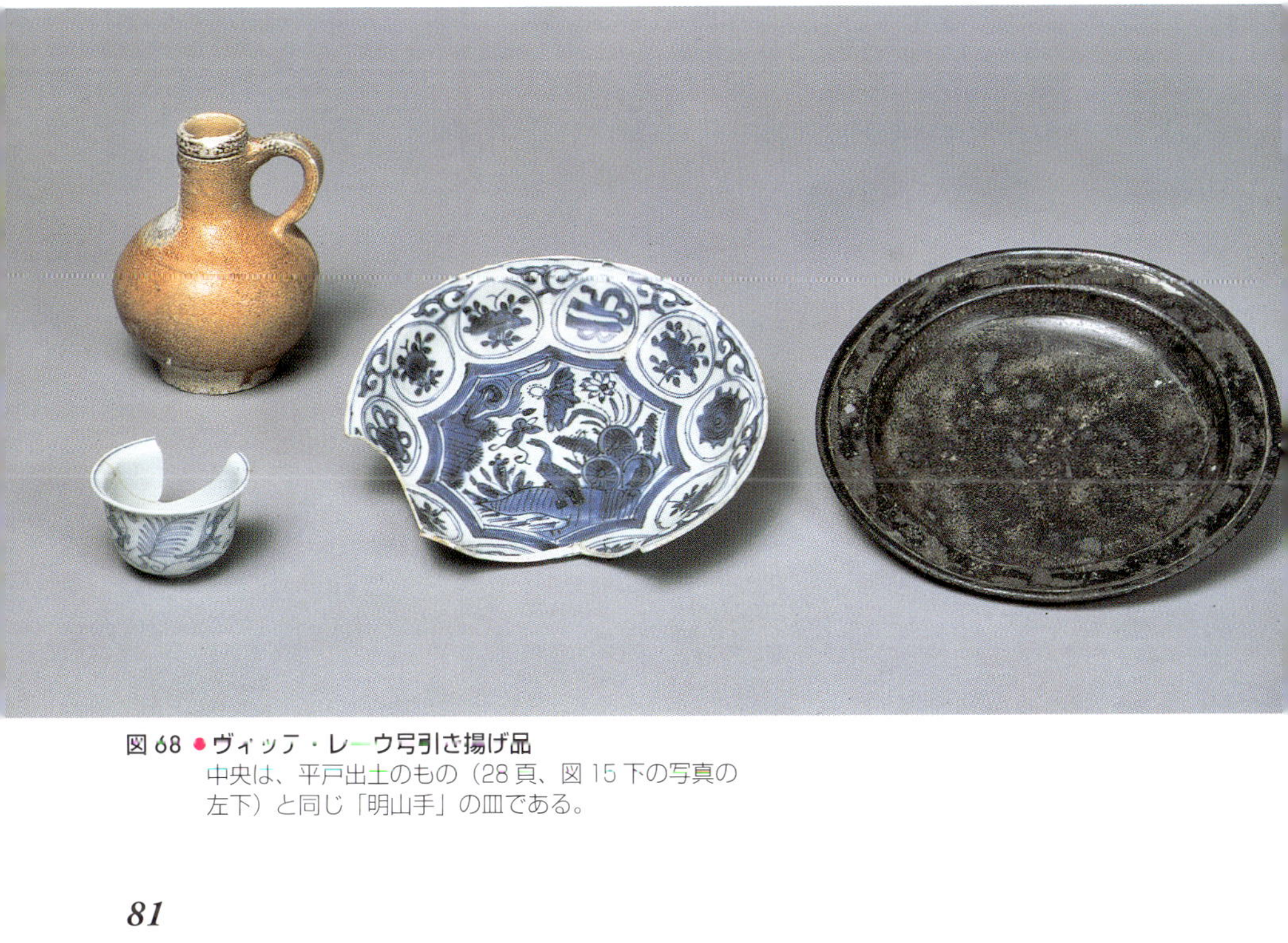

図 68 ● ヴィッテ・レーウ号引き揚げ品
中央は、平戸出土のもの（28 頁、図 15 下の写真の左下）と同じ「明山手」の皿である。

と陶磁器であった。陶磁器は中国産で、香料諸島の後に寄港したバンテンなどで積み込まれたと考えられる。内訳は、景徳鎮系の薄い精緻なタイプ（図68）と福建・広東系の厚い粗製のタイプが半々の割合であった。しかし、市場的価値によるためか、引き揚げられたのはほとんどが景徳鎮系のものであった。また、液体などの商品を運んだと考えられる大形の壺類も引き揚げられている。

これらの内容については、オランダのアムステルダム国立博物館が発行したカタログで知ることができるが、平戸と同じ芙蓉手などのカラック・ウェアが主体を占め、碗・鉢・皿などの構成も共通している。平戸とセントヘレナ島は、地球の反対側といってもよいほどの距離であるが、これほど共通する資料がみつかることには驚かされる。

長崎・豊後町の地下室から出土した壺

ポルトガル人を追放した出島に平戸のオランダ商館を移し、海外貿易が活況を呈していたころ、長崎は市街の大半を焼く大火を経験した。第3章でもふれた寛文大火である。

一六六三年（寛文三）三月八日に、市街の北側の筑後町から発生した火災は、折からの烈風にあおられ、五七町のうち五三町を焼く大火災となった。発掘調査では、市街の各地でこの火災の焼土層が確認されるとともに、火災で焼けた倉庫や火災後の整理土坑などがみつかっている。そのなかのひとつに、現在の長崎市役所近くの旧豊後町がある。

豊後町の発掘調査では、東西約三・三メートル、南北六メートル以上、深さ約一・八メートルの地下室がみつかっており（図69）、焼土が充満していたことから火災によって焼けたと考えられる。出土した遺物のなかで年代的な下限を示す、もっとも新しいものは一六五〇年代であり、この地下室は寛文大火で機能を失ったことが判明した。

地下室内から出土した遺物のなかには、大形の壺の破片が数多く含まれていた。これらの生産地を調べていくと、地元である肥前に加え、中国・ベトナム・タイ・ミャンマーなど東南アジアを含む広い範囲におよぶことが明らかになった。

長崎・豊後町の地下室のような発掘例としては、一五五〇年代にポルトガル船が入港していた、大分の豊後府内で発見された大甕の埋設遺構がある。備前焼の甕を東西二列、南北五列に並べて埋設したもので、酒や味噌などを貯蔵した「甕倉」であったと考えられる。発見された状況から、火災によって機能を停止したと推測され、その年代は陶磁器から、島津氏が府内を侵攻した一五八六年（天正一四）と考えられている。

図69 ● 豊後町の地下室
中央の大きな方形の穴が地下室。
なかには焼土が充満していた。

出土した壺類の産地は、国産の備前・信楽《しがらき》に加え、中国・ベトナム・タイ・ミャンマーにおよび、長崎の豊後町と比較すると、年代に八〇年ほどの開きがあるが、海外産の壺類の構成はほぼ同じといってよい。

壺が物語る海外交易

長崎や豊後府内で発見されたものと同じ海外産の壺類は、世界各地の沈没船から引き揚げられている。代表的な例は、一六〇〇年にフィリピン沖で沈没したスペインのサン・ディエゴ号と、先に紹介したオランダ船のヴィッテ・レーウ号である。

サン・ディエゴ号は、マニラとメキシコのアカプルコを結んでいたガレオン船で、フィリピン国立博物館ほかの調査によって引き揚げられた積荷には、陶磁器のほか銀製品や貨幣、大砲などがあった。さらに日本刀の鍔《つば》も含まれることから、刀が輸出されていたか、日本人の傭兵が乗船していた可能性も指摘されている。

陶磁器は、中国・景徳鎮系のカラック・ウェア、福建・広東系の粗製磁器のほか、緑や黄色の釉をかけた華南三彩およびさまざまな壺類がある（図70）。壺類の産地としては、中国・タイ・ミャンマーといった長崎と府内に共通するもののほか、地元フィリピンやスペイン・メキシコなどのものがみられる。一方、ヴィッテ・レーウ号から引き揚げられた壺類の生産地も、中国・タイ・ミャンマーとなっており、船の国籍が異なっても積まれていた運搬容器としての壺類にはそれほどちがいがないことがわかる（図71）。

長崎・豊後府内・フィリピン・セントヘレナ島で共通してみつかったこれらの壺は、何を意味しているのだろうか。現時点では、これらの壺が何を運んだのかがわかっていないため、いささか抽象的な話になるが、サン・ディエゴ号とヴィッテ・レーウ号の場合は、寄港地でこれらを積み込んだ後、目的地に着く前に沈没しているため、壺の中には本来の商品が入っていたと考えられる。

これに対して長崎や豊後府内のものは、船から他の積荷とともにおろされ、倉庫に保管されたものであり、おそらく中の商品は切り売りされたか、小分けにされて国内の他の消費地へ向かったものと考えられる。壺は本来の目的を終えた後、その大きさと堅牢さから液体などの貯蔵具として転用されたのであろう。長崎のものは、火災の年から考え

図70 ● **サン・ディエゴ号引き揚げのさまざまな壺**
中央右よりの直立する壺は、長崎やヴィッテ・レーウ号のものと同じである（86頁、図71下段）。
〔National Museum of the Philippines〕

図 71 ● **長崎の蔵の壺と沈没船の壺の比較**

左は長崎・豊後町の地下室出土、右はヴィッテ・レーウ号引き揚げ品。上下とも中国産の壺で、まったく同じといってよい。長崎とセントヘレナ島の距離を考えると、驚くほどの一致である。

ると年代の下限が他にくらべて半世紀ほど新しくなるが、こうした転用による使用期間を考慮すると、運び込まれた年代はかなりさかのぼる可能性がある。

寛文大火と肥前陶磁の海外輸出

これまでは海外産の壺についてみてきたが、国産の陶磁器が流通を物語る例もある。

寛文大火にともなう焼土からは、同じデザインの肥前陶磁が大量に出土して研究者を驚かせた。旧六町のひとつ大村町では、火災で焼けた倉庫のまわりの土坑から、大量の陶磁器や瓦が出土しているが、その状況から火災後に焼け落ちた倉庫の瓦や保管していた商品を処分した、火災整理土坑であると考えられている。

出土した陶磁器は、ほとんどが一七世紀後半の海外輸出向けの肥前陶磁であり、その年代から該当する火災は市街の大半を焼いた寛文大火であることがわかった。

さらに、北東側に数百メートルほど離れた袋町では、礎石建物を覆う焼土層から同じデザインの大量の肥前陶磁が出土しており、やはり寛文大火で焼けた倉庫と商品であると考えられている。

寛文大火で焼けた長崎の倉庫跡から出土した海外輸出向けの肥前陶磁は、肥前の窯場をめぐる国際情勢を具体的に解き明かす貴重な資料である。

肥前の窯業は、朝鮮出兵の際に連れ帰った朝鮮人陶工をルーツとしており、はじめは陶器（唐津）を焼いていたが、一六一〇年代からは磁器を焼くことに成功した。初期の肥前磁器は朝鮮半島の技術で焼かれ、基本的に国内向けであった。

ところが、一六四〇年代ごろから中国における明清の王朝交代による内乱が激しくなり、世界に磁器を供給していた景徳鎮の生産が落ち込むと、そこへ製品を注文していたオランダなどは、景徳鎮の代わりとして日本の肥前へ注文することを考えた。また、台湾を拠点に長崎に来航した明の遺臣の鄭氏の船などの唐船も肥前陶磁を海外へ輸出するようになった。

こうした大きな需要に対し、肥前では中国の技術を導入して態勢を整え、注文に応じていった。VOCの記録によると、肥前への注文は一六五九年から大量注文がはじまり、年々その数は増加して、一六六三年から一六六四年にかけてピークをむかえている（図72）。

注文された肥前陶磁

寛文大火で焼けた倉庫出土の陶磁器のなかには、VOCによる注文の実態を具体的に裏付ける資料がみられる。袋町の焼失した倉庫跡（図73）から出土した瑠《る》

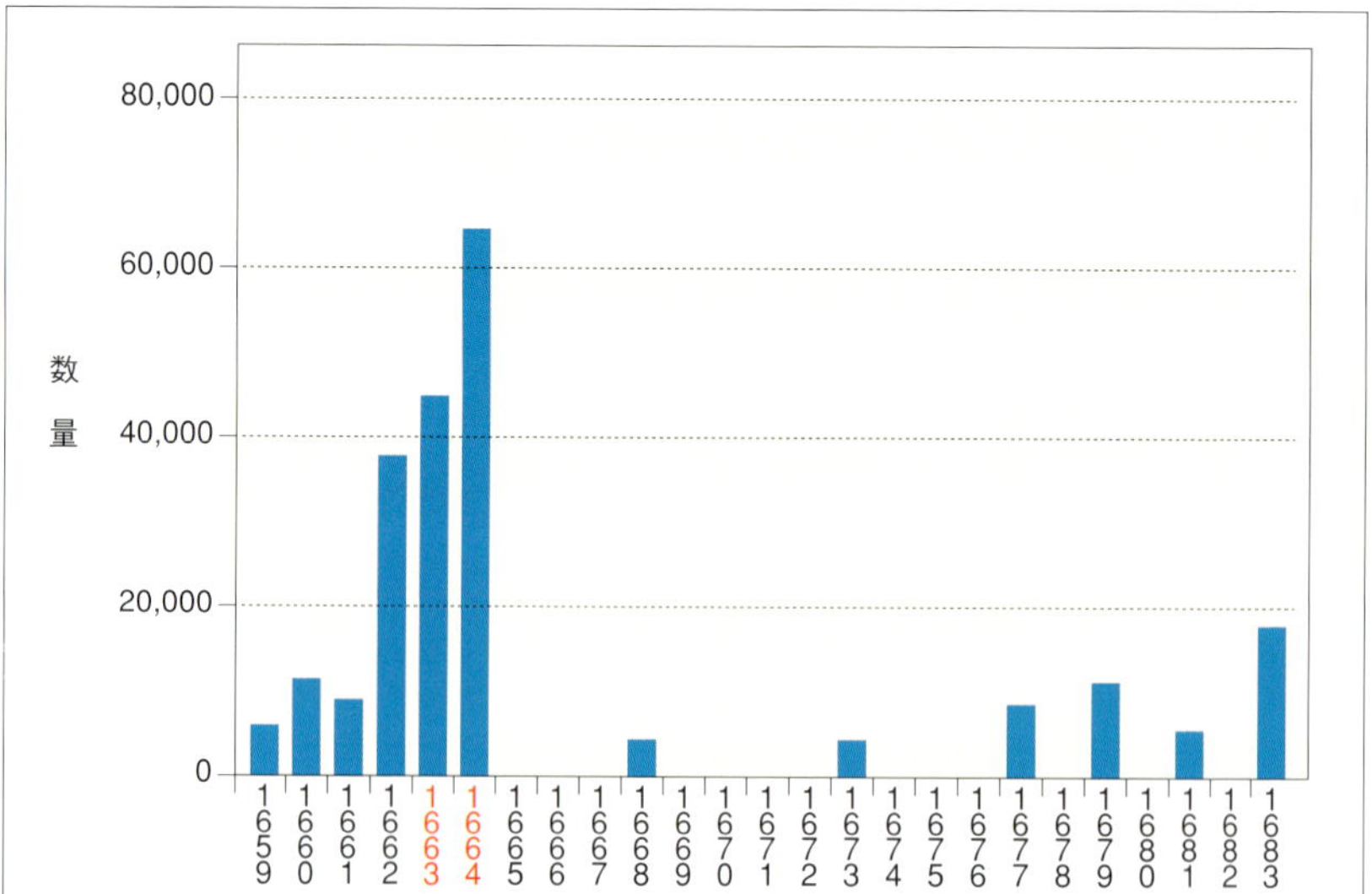

図72 ● VOCによるオランダ向け日本磁器輸出数量
輸出のピーク時と、長崎の寛文大火（1663年）が重なることがわかる。

璃釉《りゆう》のツバメ形合子《ごうす》もそのひとつである（図74）。

これはツバメ形の蓋をもつ合子で、蓋の外面に濃い青色の釉（瑠璃釉）がかかっている。身は楕円形で白磁であり、数百点ほどの破片が出土している。VOCの記録によれば、一六六四年に長崎からアメロンヘロン号でバタヴィアに運ばれ、翌年ニューエンホーフェ号に積み替えられてオランダへ運ばれた磁器のなかに「小形のツバメ」と記された製品があり、これに該当するとみられる。

このほかVOCの記録にはみられないが、明らかにオランダからの特注品と考えられる肥前磁器も出土している。燭台もそのひとつで（図75）、壺の上半と皿をつないだ製品であるが、既製品の接合で注文に応えたのであろう。数種の花が描かれており、その中のひとつにチューリップ文様がみられることから、オランダからの注文と考えてよいであろう。VOCの文書には、この種の品名はみられないが、記録にある「その他の注文の品々」に含まれるのだろうか。

図73 ● 袋町の焼失した倉庫
分厚い焼土を掘り下げると、建物の礎石（右下）が姿をあらわした。焼土には大量の陶磁器が含まれていた。

図 74 ●袋町出土のツバメ形合子
VOC の記録から、1661 年のオランダからの注文によるものと考えられる。

図 75 ●袋町出土の燭台
受け皿（左）に描かれているのは、四つのチューリップ。燭台には別の花を描いたものや白磁、色絵の製品もある。

3　世界航路への結節点

長崎・平戸の流通資料は、ふたつの港市が航路によって世界と結ばれていたことを生々しく物語っている。各地の資料との比較によって、驚くほどの遠距離を運ばれたことが実感されるが、長崎・平戸の足下には、まだまだこうした資料が眠っている可能性が高い。

今回、比較をおこなった資料は、フィリピンやセントヘレナ島など、日本からヨーロッパに至る一般的な航路上に位置しているが、本来、ひとたび日本を出た商品は、航路のネットワークを経由してさまざまな地域に運ばれた。最近では、メキシコやキューバで、肥前陶磁の発見が相次いでおり、南北アメリカ大陸や太平洋航路上の沈没船などとの資料比較も今後の課題であろう。長崎においてもペルシア産の陶器など、直接交渉のなかった国の遺物が徐々に報告されるようになっており、搬入経路の検討が迫られている。

本章で紹介した資料については、陶磁器に偏っていることもあり、文献によって明らかにされるヒト・モノの動きに、必ずしも対応するものではないかもしれないが、教科書に代表される文献史学とはちがった、新たな視点からの問題提起として広く知られることを期待している。

考古学は、一般に発掘現場、すなわち地域の歴史を明らかにしていく学問であると思われている。しかし、港市における考古学には、視野をズームレンズのように自在に変え、国境を越えた資料を収集し、東西の文献史学とも連携するしなやかなセンスが必要だ。新しい視点で提示する港市、長崎・平戸の発掘成果は、みる者を世界航路へと誘うにちがいない。

写真提供

長崎県教育庁学芸文化課　図3・4・5・22・23・24・26・27・30・31・33・50・51・53・58・59・60・61・62・64・66・67・69・71（左）・73・74・75
長崎市教育委員会　図25・28・29・32・37・39・40・41・44・46・47・49
長崎歴史文化博物館　図2・10・20・35・38・42・45・48・52・54
平戸市教育委員会　図12・13・15・17・18・19
長崎大学附属図書館　図6
神戸市立博物館　図55・68
Nationaal Archief in the Netherlands：図16
National Museum of the Philippines：図34・70

＊ KAWAGUCHI Yohei, the author of this book, and the Shinsen-sha Publishers gratefully acknowledge the kind permission granted by Nationaal Archief in the Netherlands and the National Museum of the Philippines to reproduce prints of their collections.

上記以外は著者

図出典

図1（下）　国土地理院五万分一地形図「長崎」より作成
図14　『平戸和蘭商館跡』平戸市の文化財二五、平戸市教育委員会
図65　『長崎実録大成』長崎文献社、一九七三
図71（右）　The ceramic load of the "Witte Leeuw" (1613) Rijksmuseum 1982
図72　櫻庭美咲　二〇〇六「オランダ東インド会社文書におけるオランダ向け肥前陶磁の絵付けの記載について」『九州産業大学柿右衛門様式陶芸研究センター論集』第二号
上記以外は著者

長崎歴史文化博物館

・長崎市立山1―1―1
・電話　095（818）8366
・開館時間　8：30～19：00
・休館日　第3火曜日（祝日の場合は翌日）
・常設展示観覧料　一般600円、高校生400円、小中学生300円
・交通　長崎市内路面電車「桜町」下車徒歩7分。路線バス「桜町公園前」下車徒歩3分。
・近世海外交流史をテーマとした博物館。常設では、長崎を舞台とした海外交流史と復元された長崎奉行所（立山役所）関連の展示を見学できる。本書で紹介した正門階段は必見。

復元された長崎奉行所

出島和蘭商館跡

・長崎市出島町6―1
・電話　095（821）7200
・開館時間　8：00～18：00
・年中無休
・入場料　一般500円、高校生200円、小中学生100円
・交通　長崎市内路面電車「出島」下車すぐ、同「築町」下車徒歩1分。路線バス「長崎新地ターミナル」下車徒歩5分。
・カピタン部屋など一九世紀初頭の出島が復元整備されている。商館の暮らしや貿易に関する展示もある。

唐人屋敷

・長崎市桜町2―22
・問合せ先　長崎市唐人屋敷推進室
電話095（829）1272
・交通　長崎市内路面電車「築町」下車徒歩8分
・土神堂、天后堂などが見学できる。敷地内の堀や石垣など、一部に唐人屋敷時代の遺構が残る。

平戸和蘭商館跡

・平戸市崎方町・大久保町
・問合せ先　平戸市教育委員会文化振興課　電話0950（22）4111
・交通　JR佐世保駅から徒歩2分の佐世保バスセンターより西肥バス「平戸桟橋」行き約1時間25分（特急）、終点下車徒歩3分。伊万里よりは車で国道204を約1時間。
・現在、倉庫復元に向けて整備が進められ、一六一六年築造石垣の一部が顕在化されており見学可。また周囲にオランダ塀等が残る。

平戸のオランダ塀

刊行にあたって

「遺跡には感動がある」。これが本企画のキーワードです。

あらためていうまでもなく、専門の研究者にとっては遺跡の発掘こそ考古学の基礎をなす基本的な手段です。また、はじめて考古学を学ぶ若い学生や一般の人びとにとって「遺跡は教室」です。

日本考古学では、もうかなり長期間にわたって、発掘・発見ブームが続いています。そして、毎年厖大な数の発掘調査報告書が、主として開発のための事前発掘を担当する埋蔵文化財行政機関や地方自治体などによって刊行されています。そこには専門研究者でさえ完全には把握できないほどの情報や記録が満ちあふれています。しかし、その遺跡の発掘によってどんな学問的成果が得られたのか、その遺跡やそこから出た文化財が古い時代の歴史を知るためにいかなる意義をもつのかなどといった点を、莫大な記述・記録の中から読みとることははなはだ困難です。ましてや、考古学に関心をもつ一般の社会人にとっては、刊行部数が少なく、数があっても高価なその報告書を手にすることすら、ほとんど困難といってよい状況です。

いま日本考古学は過多ともいえる資料と情報量の中で、考古学とはどんな学問か、また遺跡の発掘から何を求め、何を明らかにすべきかといった「哲学」と「指針」が必要な時期にいたっていると認識します。

本企画は「遺跡には感動がある」をキーワードとして、発掘の原点から考古学の本質を問い続ける試みとして、日本考古学が存続する限り、永く継続すべき企画と決意しています。いまや、考古学にすべての人びとの感動を引きつけることが、日本考古学の存立基盤を固めるために、欠かせない努力目標の一つです。必ずや研究者のみならず、多くの市民の共感をいただけるものと信じて疑いません。

監　修　戸沢　充則

編集委員　石川日出志　小野　正敏　勅使河原彰　佐々木憲一

著者紹介

川口洋平（かわぐち・ようへい）

1969年、長崎市生まれ。

西南学院大学文学部卒業。

現在、長崎県教育庁学芸文化課主任文化財保護主事。

著作　「中世の長崎—開港前後の町・人・モノ—」『中世都市研究』10、新人物往来社、2004、「中世後期の対馬・壱岐・松浦—土器・陶磁器からみた倭寇関連遺跡—」『中世西日本の流通と交通』高志書院、2004ほか

シリーズ「遺跡を学ぶ」038

世界航路へ誘《いざな》う港市《こうし》・長崎・平戸

2007年 7月25日　第1版第1刷発行

著　者＝川口洋平

発行者＝株式会社 新 泉 社
東京都文京区本郷2-5-12
振替・00170-4-160936番　TEL03(3815)1662／FAX03(3815)1422
印刷／萩原印刷　製本／榎本製本

ISBN978-4-7877-0738-3　C1021

シリーズ「遺跡を学ぶ」

第Ⅰ期（全31冊・完結）

01	北辺の海の民・モヨロ貝塚	米村　衛
02	天下布武の城・安土城	木戸雅寿
03	古墳時代の地域社会復元・三ツ寺Ⅰ遺跡	若狭　徹
04	原始集落を掘る・尖石遺跡	勅使河原彰
05	世界をリードした磁器窯・肥前窯	大橋康二
06	五千年におよぶムラ・平出遺跡	小林康男
07	豊饒の海の縄文文化・曽畑貝塚	木﨑康弘
08	未盗掘石室の発見・雪野山古墳	佐々木憲一
09	氷河期を生き抜いた狩人・矢出川遺跡	堤　隆
10	描かれた黄泉の世界・王塚古墳	柳沢一男
11	江戸のミクロコスモス・加賀藩江戸屋敷	追川吉生
12	北の黒曜石の道・白滝遺跡群	木村英明
13	古代祭祀とシルクロードの終着地・沖ノ島	弓場紀知
14	黒潮を渡った黒曜石・見高段間遺跡	池谷信之
15	縄文のイエとムラの風景・御所野遺跡	高田和徳
16	鉄剣銘一一五文字の謎に迫る・埼玉古墳群	高橋一夫
17	石にこめた縄文人の祈り・大湯環状列石	秋元信夫
18	土器製塩の島・喜兵衛島製塩遺跡と古墳	近藤義郎
19	縄文の社会構造をのぞく・姥山貝塚	堀越正行
20	大仏造立の都・紫香楽宮	小笠原好彦
21	律令国家の対蝦夷政策・相馬の製鉄遺跡群	飯村　均
22	筑紫政権からヤマト政権へ・豊前石塚山古墳	長嶺正秀
23	弥生実年代と都市論のゆくえ・池上曽根遺跡	秋山浩三
24	最古の王墓・吉武高木遺跡	常松幹雄
25	石槍革命・八風山遺跡群	須藤隆司
26	大和葛城の大古墳群・馬見古墳群	河上邦彦
27	南九州に栄えた縄文文化・上野原遺跡	新東晃一
28	泉北丘陵に広がる須恵器窯・陶邑遺跡群	中村　浩
29	東北古墳研究の原点・会津大塚山古墳	辻　秀人
30	赤城山麓の三万年前のムラ・下触牛伏遺跡	小菅将夫
別01	黒耀石の原産地を探る・鷹山遺跡群	黒耀石体験ミュージアム

第Ⅱ期（全20冊・好評刊行中）

31	日本考古学の原点・大森貝塚	加藤　緑
32	斑鳩に眠る二人の貴公子・藤ノ木古墳	前園実知雄
33	聖なる水の祀りと古代王権・天白磐座遺跡	辰巳和弘
34	吉備の弥生大首長墓・楯築弥生墳丘墓	福本　明
35	最初の巨大古墳・箸墓古墳	清水眞一
36	中国山地の縄文文化・帝釈峡遺跡群	河瀬正利
37	縄文文化の起源をさぐる・小瀬ヶ沢・室谷洞窟	小熊博史
38	世界航路へ誘う港市・長崎・平戸	川口洋平

A5判／96頁／定価1500円＋税